THÉATRE ET MARIONNETTES

POUR LES PETITS

1

Tout exemplaire de ce volume non revêtu de ma griffe sera réputé contrefait.

Théâtre

et

Marionnettes

POUR LES PETITS

PAR

MADAME GIRARDOT

PARIS

LIBRAIRIE CLASSIQUE FERNAND NATHAN

18, RUE DE CONDÉ, 18

A Mademoiselle BRÈS

INSPECTRICE GÉNÉRALE DES ÉCOLES MATERNELLES

Hommage de respectueuse reconnaissance

A. GIRARDOT

MARIONNETTES ET ACCESSOIRES

Les personnages grotesques du théâtre Guignol ne sauraient nous convenir; il nous faut des petites poupées ordinaires, vêtues d'une robe longue et large sous laquelle les doigts se dissimulent, ou même de simples figures détachées de catalogues et collées sur carton.

Afin de pouvoir les ranger debout, ou bien les faire asseoir, elles auront un corps flexible; point n'est besoin de jambes.

On les costume suivant le rôle qu'elles doivent remplir; les maîtresses ingénieuses pourront même créer des costumes originaux qui, à eux seuls, auront un grand succès.

Les représentations n'exigent pas un matériel très compliqué, une table ordinaire suffit.

La maîtresse place dans une boîte, à côté d'elle, ou bien dans le tiroir de la table, les personnages dont elle aura besoin au fur et à mesure; elle dispose ses accessoires : ici un petit lit, un guéridon, là une table, une chaise, etc. Si elle ne possède pas les objets nécessaires, elle les remplace par des objets en papier plié, voire même par des gravures découpées ici ou là et collées sur carton.

Lorsque tout est préparé, elle s'installe devant sa table, expose en quelques mots le sujet, et fait évoluer ses acteurs.

Par exemple, il importe que le jeu soit vif et animé, que les réparties soient promptes.

PERSONNAGES ET ACCESSOIRES EN CARTON

Les maîtresses ne disposant pas toujours d'un crédit suffisant pour se procurer les jouets nécessaires dans le courant de l'année, il serait peut-être difficile d'acquérir les personnages et accessoires qu'exigent les petites représentations théâtrales.

Qu'à cela ne tienne : leur fabrication est des plus simples.

Tout le monde a des journaux illustrés, des catalogues de grands magasins. A-t-on besoin d'une petite fille, d'un petit garçon, d'une maman? On choisit parmi les gravures une physionomie et un costume à peu près semblables à ceux du personnage en question. On colle l'image détachée sur un morceau de carton, puis on découpe proprement. La gravure ayant acquis ainsi une certaine fermeté, on la colle à nouveau sur un cube ou une briquette pour la maintenir debout et la faire circuler aisément sur la table.

Même procédé pour les animaux, meubles et ustensiles qui doivent figurer dans une scène.

Une collection de ce genre est bien vite formée et elle peut servir non seulement pour les représentations théâtrales, mais pour animer les leçons communes : historiettes morales, causeries, etc.

Une poupée détachée d'un catalogue et préparée de la sorte est d'un très joli effet, surtout quand on prend le soin de la colorier.

POURQUOI NOUS AVONS CHOISI NOS SUJETS ?

Il ne faut pas songer à donner des représentations en s'inspirant des sujets du Guignol populaire. Ce garnement, toujours en délicatesse avec la maréchaussée, serait d'un fâcheux exemple dans nos écoles. C'est déjà bien assez que nos petits fassent sa connaissance sur la place publique.

Quand on rit d'une méchante plaisanterie, on est bien près de l'approuver; or, si l'un de nos personnages triomphait en commettant une mauvaise action, il faudrait bien reconnaître que le mal est praticable.

Nous avons à faire à des petites âmes toutes neuves que nous devons incliner vers le bien, c'est dire que notre enseignement à nous, les mamans éducatrices, respecte avant tout la morale et tend toujours à former la conscience enfantine. Par conséquent, rien d'équivoque, rien d'exagéré, rien non plus d'effrayant ne saurait y prendre place.

On nous objectera sans doute, qu'au point de vue théâtre, il est difficile d'amuser avec des acteurs toujours vertueux. C'est vrai, et l'on est bien forcé, de temps en temps, de faire des concessions. Mais si, par exemple, on met en scène un enfant qui fait mal, il faut placer à côté de lui, très en lumière, un enfant qui fait bien, de façon que les petits spectateurs soient instinctivement portés vers celui-ci.

Les maîtresses trouveront facilement des sujets intéressants dans les fables de La Fontaine; elles pourront de même créer des personnages et des rôles afin de varier leur répertoire, car elles sauront reconnaître qu'une leçon présentée de la sorte est aussi séduisante qu'inoubliable.

Nous avons cru nécessaire de faire revenir souvent sur la scène les mêmes acteurs, afin que les enfants se familiarisent avec eux, apprécient leurs qualités, connaissent aussi leurs petits travers, et accueillent ces marionnettes comme de vieilles connaissances toujours sympathiques.

THÉATRE SCOLAIRE

Quand on possède un théâtre on l'installe au préau ou bien dans la salle de leçons communes. Tous les enfants sont réunis; si les tout petits ne comprennent pas très bien encore, ils s'amusent du moins à voir gesticuler les marionnettes. Une représentation générale par semaine est suffisante, elle devient une récompense.

Dans les écoles à plusieurs classes, les maîtresses peuvent se succéder au théâtre et apprendre chacune deux ou trois scènes. On simplifie la tâche et on y gagne parce que chaque maîtresse apporte là son ingéniosité, son entrain, ses aptitudes particulières.

En classe, il est bon de faire résumer la scène et apprécier les personnages; on voit si l'enfant a compris et surtout comment il juge.

Mais, comme nous l'avons dit en premier lieu, la possession d'un théâtre n'est nullement obligatoire. L'essentiel c'est de faire aller et venir, parler et gesticuler, devant les petits spectateurs, des personnages intéressants qui, sans en avoir l'air, enseignent une foule de choses.

La simplicité du matériel a ce double avantage de rendre les représentations plus familières, comme aussi plus fréquentes, et d'amuser nos petits sans leur rappeler le Guignol de la foire.

Ainsi, on joue **Poivre et Tabac** :

La maîtresse, munie des six poupées qu'elle dissimule soigneusement en attendant le moment de leur entrée en scène, prépare sa table.

A droite, une boîte renversée supporte des balances et quelques échantillons d'épicerie; la marchande est assise devant son comptoir.

A gauche, même installation pour le buraliste, à cela près que le pain de sucre, la barre de savon, etc., sont remplacés par des pots de tabac.

Ces deux braves commerçants attendent leurs pratiques.

La représentation va commencer, la maîtresse explique : « Pierrette est une petite fille bien gentille, mais malheureusement très étourdie ; elle n'écoute pas assez les recommandations de sa maman et fait les commissions tout de travers. C'est fort désagréable, car elle cause beaucoup d'ennuis à ses parents qui sont obligés de la punir.

« Vous allez voir ce qui lui arrive cette fois-ci. »

Un coup de sonnette. Tout le monde écoute et regarde.

Le papa de Pierrette entre en scène, appelle sa petite fille qui accourt. . . . .

. . . .

. . . .

. . . .

L'arbre de Noël

PERSONNAGES

MARCELINE. — PIERRETTE. — PIERROT. — JEANNETTE. — MARCEL. — PETIT-JEAN

ACCESSOIRES

Un petit sapin ou une branche d'arbre quelconque pouvant se planter dans un vase et se placer au milieu de la scène. — Ballon. — Polichinelle. — Trompette. — Boîte ficelée. — Poupée. — Fleurettes en papier de couleur. — Le tout préparé pour être suspendu (à défaut de ces jouets, les remplacer par d'autres que les acteurs nommeront).

Pierrette, *seule.* — Je voulais descendre dans la cour, mais il fait bien froid. Oh! que l'hiver est triste, et que je plains les pauvres gens qui n'ont pas de feu!

Marceline, *entrant.* — Ah! Pierrette, si tu savais tout ce que j'ai vu! Je reviens du bazar et j'ai visité les étrennes. (*Avec de grands gestes.*) Des fleurs partout, des moutons frisés, des chevaux, des poupées belles comme le jour!...

Pierrette. — Noël doit venir bientôt.

Marceline. — Oui, et les mamans achètent des joujoux.

Pierrette. — Pas toutes, Marceline, il y a des mamans qui n'ont pas d'argent, alors elles ne peuvent rien acheter au bazar.

Marceline. — C'est vrai, pourtant, et leurs enfants n'ont pas d'étrennes. Nous sommes bien heureuses nous autres ; nos papas gagnent de l'argent, et tous les ans on nous achète quelque chose.

Pierrette. — Sais-tu à quoi je pense, Marceline ?

Marceline. — Non, dis voir un peu.

Pierrette. — Eh bien, je voudrais être riche, très riche, pour acheter des étrennes aux petits pauvres. J'irais chez ceux qui ne trouvent rien dans leurs souliers ; je leur donnerais des bonbons et des joujoux.

Marceline. — Je voudrais bien, moi aussi, mais nous ne sommes pas riches, ma pauvre Pierrette.

Pierrette. — Ecoute, Madame nous a dit à l'école qu'on n'a pas besoin d'être riche pour être charitable, qu'il suffit d'avoir bon cœur ; si nous garnissions un arbre de Noël pour Madeleine, Léon et la petite Marie ?

Marceline *battant des mains.* — Oui, oui, je veux bien ; as-tu un arbre ?

Pierrette. — J'ai une belle grande branche verte que mon parrain m'a cueillie dans son jardin pour faire ma chambre plus jolie.

(Elle sort et rapporte la branche qu'elle place au milieu de la scène.)

Marceline. — Voilà notre arbre ! Et avec quoi le garnirons-nous ?

Pierrette. — J'ai deux ballons, je puis en donner un.

Marceline. — Je cours chercher mon vieux polichinelle, apporte ton ballon *(elles sortent et rentrent avec les jouets qu'elles suspendent au sapin).*

Pierrette. — Tu donnes aussi une trompette ?

Marceline. — Ce n'est pas moi, c'est Marcel.

Pierrette. — Pourquoi ne vient-il pas nous aider ?

Marceline. — Il est enrhumé, maman ne veut pas le laisser sortir.

Pierrette. — Je vais appeler Pierrot qui nous donnera bien quelque chose aussi lui. Pierrot ! Pierrot !...

Pierrot *accourant.* — Que désires-tu, ma petite Pierrette ?... Ah ! vous préparez un arbre de Noël !

Pierrette. — Oui, pour offrir des étrennes à nos amis, Madeleine, Léon et Marie.

Pierrot. — Bonne idée ! Ils seront si contents !

Pierrette. — Qu'est-ce que tu vas nous donner, toi ?

Pierrot. — Une boîte de soldats (*il sort et revient avec sa boîte qu'il accroche à une branche*). Faut-il prévenir Jeannette et Petit-Jean ?

Marceline. — Oui, va leur demander s'il veulent se joindre à nous.

(*Pierrot sort.*)

(*Jeannette arrive avec sa poupée.*)

Pierrette. — Oh ! tu nous apportes ta poupée, Jeannette ?

Jeannette. — Ça me fait plaisir de vous donner quelque chose, prenez-la, j'en ai une autre qui me suffit.

Marceline. — Petit-Jean ne vient donc pas ?

Jeannette. — Il est resté à la porte.

Pierrot *amène Petit-Jean qui pleure.* — Hi, hi, hi, hi ! Je ne veux pas entrer.

Pierrette. — Pourquoi, tu es donc fâché ?

Petit-Jean. — Non, je n'ai rien à vous donner, rien du tout.

Pierrot. — Monsieur abîme ses jouets, et il jette les morceaux dans la rue.

Jeannette. — Maman lui en donne pourtant bien souvent.

Pierrette. — Alors, tu ne te mets pas avec nous ?

Petit-Jean. — Hi, hi, hi ! je voudrais bien.

Pierrot. — Hi, hi, hi ! hi, hi, hi ! as-tu bientôt fini ?...

Petit-Jean. — Je veux m'en aller.

Pierrette. — Non, reste ; on dirait que tu n'as pas bon cœur. Nous t'inviterons quand même, va t'asseoir. Une autre fois, par exemple, tu seras plus soigneux, et tu songeras à nos petits amis.

Petit-Jean. — Merci, Pierrette ; je te donnerai des bonbons si le bonhomme Janvier m'en apporte.

Pierrette. — Ah ! je savais bien, moi, qu'il avait bon cœur.

(*Elle se place debout au milieu de la scène.*)

Il sera très joli notre sapin, je vais y mettre encore quelques fleurs en papiers, et ce sera superbe, vous verrez. (*Elle sort et rapporte des fleurettes qu'elle dispose dans le sapin.*)

Pierrot *battant des mains.* — Bravo! c'est magnifique.

Pierrette. — Maintenant, il faut aller dire à nos camarades que nous les attendrons ce soir, ici. Jeannette, va-t'en chez Madeleine. (*Jeannette sort.*) Marceline ira chez Marie et Petit-Jean chez Léon. (*Marceline et Petit-Jean sortent.*)

Pierrot. — Quelle excellente idée tu as eue, ma petite Pierrette. Je me réjouis de voir leur surprise.

Pierrette. — N'est-ce pas? Oh! oui, c'est bien agréable de faire plaisir aux autres. Me voilà toute joyeuse, embrassons-nous, Pierrot.

(*Ils s'embrassent.*)

RIDEAU

Jeannette qui grogne et Jean qui rit

PERSONNAGES

JEANNETTE. — PETIT-JEAN. — MARCELINE. — MAMAN DE JEANNETTE
ET PETIT-JEAN

ACCESSOIRES

Quatre poupées. — Une chaise et une table.

Jeannette *cherche quelque chose, elle est de mauvaise humeur.* — Je ne retrouve plus mon livre d'images, qui peut bien me l'avoir pris?... Je l'avais mis là, sur cette table... Petit-Jean! Petit-Jean!...

Petit-Jean *accourt très joyeux.* — Voilà! voilà! ma petite Jeannette... Oh! oh! tu n'es pas gracieuse, tu as ta mauvaise figure.

Jeannette. — Non, certainement, je ne suis pas gracieuse.

Petit-Jean. — Eh bien, moi, depuis que je suis levé, je chante.

Jeannette. — Je ne te demande pas si tu chantes ou si tu pleures. Qu'as-tu fait de mon livre d'images?

Petit-Jean. — Mais... je ne l'ai pas touché ton livre.

Jeannette. — Avec ça que tu te gênes pour prendre mes affaires! Je le dirai à maman.

Petit-Jean *qui veut l'embrasser.* — Tu n'es pas gentille, pas gentille du tout. Allons, embrasse-moi et je t'aiderai à chercher.

Jeannette *le repoussant.* — Laisse-moi, tu m'ennuies!

Petit-Jean *pirouette deux ou trois fois en chantant :*

> Ainsi font, font, font
> Les petites marionnettes,
> Ainsi font, font, font
> Trois petits tours et puis s'en vont.

Au revoir, mademoiselle Grognon, je vous salue bien!

(*Il s'incline jusqu'à terre et sort.*)

Jeannette, *trépignant.* — Je le dirai à maman ! Je le dirai à maman !

(*Elle va s'asseoir et boude.*)

Toc ! toc !

Jeannette. — On n'entre pas.

Marceline, *du dehors.* — C'est moi, Jeannette. Je viens te chercher pour aller au square.

Jeannette. — Entre si tu veux, mais je n'irai pas au square.

Marceline, *entrant.* — Tu es donc malade, tu es toute rouge?

Jeannette, *boudeuse.* — Non.

Marceline. — Alors, tu boudes.

Jeannette. — Tu me dis toujours ça, toi. Faudrait-il me mettre à danser pour te faire plaisir?

Marceline. — Tu pourrais, du moins, être plus aimable; tu n'es pas jolie avec cette mine-là. Viens-tu jouer à cache-cache? Pierrette et son frère nous attendent; Petit-Jean vient d'arriver gai comme un pinson.

Jeannette. — C'est encore pour me dire que Petit-Jean a meilleur caractère que moi que tu es venue?

Marceline. — Oh! pas du tout. Tiens, je m'en vais, ne te fâche plus, adieu.

Jeannette *se promène à travers la chambre. Elle pleure.* — Que je suis... mal... heureuse! on... me laisse... toute seule... personne... ne m'aime. J'irai au square, na! et je ne jouerai pas avec Marceline. (*Elle regarde au dehors.*) Bon! maintenant que je veux sortir, voilà qu'il pleut... Qu'est-ce que je vais faire?... Si Petit-Jean ne s'était pas sauvé, nous jouerions à pigeon vole. (*Elle pleure et trépigne.*) Ah! maman! maman!...

Maman, *accourant.* — Eh bien, Jeannette, qu'est-ce qui arrive?

Jeannette. — Maman, je m'ennuie, on m'a pris mon livre d'images... et puis... on me laisse toujours toute seule.

Maman. — Mais, ma chère enfant, tu le mérites; on te voit sans cesse avec un visage renfrogné, un air boudeur. Qui veux-tu donc qui se plaise avec toi, tu n'es jamais gracieuse, et tu te fâches pour la moindre chose.

Personne ne t'a pris ton livre, c'est toi qui l'as oublié hier soir au jardin. Ecoute!... voici ton frère qui rentre. Du matin au soir on l'entend rire ou chanter ; aussi, ses camarades l'aiment beaucoup.

Petit-Jean, *du dehors.* — Il pleut, il pleut, bergère,
                         Ramène tes moutons.

. . . .
. . . .

(Il entre, embrasse sa maman et sa sœur.)

Il pleut, maman, je me suis dépêché de rentrer. Si Jeannette veut s'amuser avec moi, je vais aller chercher ma boîte de constructions.

Maman. — Bien, mon petit, mais il faut que ta sœur soit gentille et nous fasse meilleure figure. Si elle boude encore, laisse-la dans son coin et viens avec moi.

Jeannette, *suppliante.* — Non, non, maman! Qu'il reste, je ne bouderai plus.

Maman. — A la bonne heure! Moi qui suis toute fière de mon petit Jean qui rit sans cesse, je ne veux pas avoir une petite Jeannette qui grogne toujours.

RIDEAU

Le baptême de Joséphine

PERSONNAGES

PIERRETTE. — PIERROT. — JOSÉPHINE, poupée. — PETIT-JEAN. — JEANNETTE

ACCESSOIRES

Cinq poupées, dont une très petite, en toilette de baptême. — Une table recouverte d'une nappe.
Quatre couverts. — Une bouteille. — Quatre chaises. — Un bouquet.

Pierrette, *tenant sa poupée.* — Où vas-tu, Pierrot?

Pierrot. — Je vais me promener.

Pierrette. — Non, reste; nous baptisons ma poupée, tu seras le parrain. Nous allons bien nous amuser. Maman m'a donné des confitures et des gâteaux; nous pourrons faire la dînette.

Pierrot. — Oh! oh! Qu'est-ce que tu as fait pour mériter ces bonnes choses?

Pierrette. — J'ai fait les commissions sans me tromper.

Pierrot. — C'est vrai que ça ne t'arrive pas souvent, hein? Comment l'appellerons-nous ta poupée?

Pierrette. — Joséphine. Tiens, regarde sa belle robe, c'est Jeannette qui lui en a fait cadeau.

Pierrot. — Alors, c'est Jeannette la marraine?

Pierrette. — Bien sûr; tu seras fier de lui donner le bras, elle a une si jolie toilette!...

Pierrot. — Oh! moi, ça m'est égal les toilettes, je n'aime pas les filles coquettes.

Et Petit-Jean, est-ce qu'il est invité aussi?

Pierrette. — Oui! C'est lui qui portera les dragées.

Pierrot. — Il les mangera toutes, et puis, tu verras qu'il va nous jouer quelque mauvais tour.

Pierrette. — Mais non, Pierrot, mais non; quand on est invité à un baptême, on se tient convenablement, voyons!...

Écoute : les voilà! Cours vite au jardin, tu feras un bouquet pour la marraine.

. . . .

Toc, toc!

Pierrette. — Entrez!

Jeannette. — Bonjour, Pierrette.

Petit-Jean. — Bonjour, Pierrette.

Pierrette. — Bonjour, Jeannette; bonjour, Petit-Jean. (*Ils s'embrassent.*)

Jeannette. — Où donc est ma filleule?

Pierrette. — Chut! elle dort. Quand elle s'éveillera, nous irons l'habiller. Je vais mettre le couvert en attendant; asseyez-vous. Voici la nappe. Combien sommes-nous? Quatre, Joséphine ne compte pas. Eh bien, quatre assiettes, quatre verres, quatre cuillers... là.

Tu mettras ton bouquet au milieu, Jeannette; ce sera superbe.

J'entends Joséphine qui s'éveille; venez vite. (*Ils sortent.*)

(*Pierrot et Jeannette passent sur la scène en se donnant le bras.*)

. . . .

Pierrette, *tenant sa poupée.* — Voyez mon joli poupon, est-il assez sage?
(*Elle chante.*)

> Eh! dodo, pouponnette, mignonnette,
> Eh! dodo, dodinette, dodino.

Mais il faut nous dépêcher... Ah! j'oubliais les dragées?
Petit-Jean! Petit-Jean!...
Petit-Jean. — Me voici.
Pierrette. — Prends Joséphine, il faut que j'aille chercher sa pelisse.
Fais bien attention, au moins!
Petit-Jean. — On dirait que c'est difficile à tenir ces mioches-là... Ce
n'est pas plus lourd qu'une plume; et puis, une poupée ça ne crie jamais.
(*Il danse et gambade autour de la table.*)
Eh! dodo pouponnette...
(*Patatras! il tombe avec la poupée.*)
Pierrette, *entrant vivement.* — Oh! quel malheur! Ma fille, ma chérie!
N'a-t-elle rien de cassé?...
Jeannette, *arrivant.* — Ma pauvre filleule!...
Pierrot. — Pas grand mal, heureusement. Voilà Petit-Jean qui commence
sa journée, j'ai bien envie de lui allonger les oreilles.
Petit-Jean. — Hi, hi, hi, pas fait exprès!...
Pierrot. — Il ne manquerait plus que cela que tu l'aies fait exprès, mon
garçon!...
Partons-nous, cette fois? (*Ils sortent.*)

. . . .

Jeannette, *rentrant.* — Maintenant, nous allons déjeuner. A table!...
(*Ils entrent les uns après les autres et se rangent autour de la table.*)
Pierrot, *levant son verre.* — A la santé de Joséphine!
Ah! ça, Petit-Jean, as-tu fini de tirer la nappe? Tu vas faire tomber la
bouteille. Dis donc, Jeannette, il est joliment désagréable, ton frère!

Jeannette. — Oh! oui, maman le gronde toujours parce qu'il se tient mal à table.

(*Petit-Jean se penche à droite et à gauche. — Paf! Drelin, ding, ding! la table est renversée.*)

Jeannette, *criant.* — Oh! ma robe!... Elle est toute tachée; vois donc, Pierrette...

Pierrette. — Mon verre est cassé!...

Pierrot. — Eh bien! si maman a entendu, gare!

(*Jeannette et Pierrette se sauvent.*)

(*Pierrot saisit Petit-Jean et fait le geste de le lancer dehors.*)

Toi, je t'avais déjà averti. Si je te faisais passer par la fenêtre?... Une deux, une deux!...

Petit-Jean. — Hi, hi, hi! oh! là, là, là! Je ne recommencerai plus, lâche-moi, Pierrot!...

Pierrot. — Ah! tu ne recommenceras plus? Je pense bien, c'est assez pour aujourd'hui.

Jeannette, *rentrant.* — Laisse-le, Pierrot; il est étourdi, mais il n'est pas méchant; une autre fois, il restera à la maison et, pour le punir, je vais l'emmener tout de suite.

Pierrette, *de l'autre côté.* — Après tout, il n'a pas fait exprès de tomber, il s'est peut-être fait mal.

Jeannette. — C'est bien possible; mais, s'il s'était tenu comme tout le monde, la table n'aurait pas été renversée.

Au revoir! nous partons.

Petit-Jean. — Tu est fâché, Pierrot?

Pierrot. — Je ne suis pas fâché, non; tout de même, tu sais, quand tu ne voudras pas te tenir tranquille et t'amuser comme les autres, reste chez toi, mon garçon!

RIDEAU

La fête de maman

PERSONNAGES

PIERROT. — PIERRETTE. — TANTE CLAUDINE. — MAMAN DE PIERRETTE ET PIERROT

ACCESSOIRES

Quatre poupées. — Un bouquet. — Un vase. — Une table. — Une boîte ficelée contenant un petit châle tricoté.

Pierrot, *seul, se promenant sur la scène.* — C'est aujourd'hui la fête de maman. Quel bonheur ! Nous allons lui faire une surprise. Mais que fait donc Pierrette ? (*Il regarde au dehors.*) Ah ! elle ne se presse guère ; je suis sûr qu'elle a rencontré Jeannette et qu'elles sont en train de bavarder. Si j'allais voir ?... J'entends marcher dans l'escalier... bon, la voilà !...

Pierrette *entre vivement, tenant un gros bouquet.* — Vois donc, Pierrot, j'ai choisi ce qu'il y avait de mieux chez le jardinier ; est-il joli, notre bouquet !

Pierrot. — Oui, mais tu as été bien longtemps. Moi, j'aurais pris mes jambes à mon cou : hop, hop, hop! (*galopant*) et je n'aurais fait qu'un saut.

Pierrette. — Oh ! toi, tu cours dans les rues comme un cheval échappé ; si tu crois que je voudrais en faire autant!

Pierrot. — C'est bon, ne nous disputons pas. Mets les fleurs sur la table.

Pierrette, *disposant le bouquet.* — Si je mettais mon ouvrage à côté?

Pierrot. — Quel ouvrage?

Pierrette. — Ah! tu ne sais pas, Pierrot, j'ai tricoté un bon fichu en laine pour maman.

Pierrot. — Toi?... Tu sais donc tricoter?

Pierrette. — Je ne savais pas beaucoup, mais Jeannette m'a appris et je me suis appliquée, j'avais si envie de faire plaisir à notre chère maman!   .

Pierrot. — Tu as bien fait, Pierrette, tu as bien fait; alors, moi, qu'est-ce que je vais lui offrir?...

Pierrette. — Dame!... je ne sais pas... Si tu lui récitais un compliment?

Pierrot. — Ma foi, je voudrais bien, seulement il faudrait en savoir un. Chut !... voilà quelqu'un ; pourvu que ce ne soit pas maman?...

Pierrette. — Non, elle est au marché.

Toc ! toc!

Pierrot. — Entrez !... Ah! c'est tante Claudine.

Tante Claudine. — Bonjour, petits, que faites-vous donc? Vous avez là un joli bouquet.

Pierrette. — C'est aujourd'hui la fête de maman.

Tante Claudine. — Très bien, mes enfants, c'est fort gentil de ne pas oublier la fête de sa maman ; je reviendrai ce soir vous apporter une brioche et nous dînerons ensemble, pour trinquer à la santé de cette bonne maman.

Pierrot. — Oh ! oui, ma tante! mais, si vous saviez comme je suis embarrassé ?...

Tante Claudine. — Et qu'est-ce qui t'embarrasse, mon garçon ?

Pierrot. — Je voudrais réciter un petit compliment.

Pierrette. — Et nous ne savons pas le faire, ma chère tante.

Tante Claudine. — C'est pourtant bien facile. Est-ce que vous l'aimez beaucoup, votre mère ?

Pierrot. — De tout notre cœur !

Tante Claudine. — Eh bien, il faut lui dire cela. Ecoutez-moi :

Ma bonne maman, nous venons te souhaiter ta fête. Nous ne savons pas faire de compliment, mais nous t'aimons bien et nous ferons tout notre possible pour te rendre heureuse.

Pierrot, *battant des mains.* — Bravo ! c'est superbe.

Pierrette, *dansant.* — Que c'est joli, que c'est joli !

Tante Claudine. — Allons, à ce soir, petits, amusez-vous bien ! (*Elle sort.*)

Pierrette. — Je vais fermer la porte à clef.

Pierrot. — Mais non, nous voilà prêts ; si maman arrive, nous lui sauterons au cou en criant : Bonne fête !...

Pierrette. — Attends ! attends! il faut repasser le compliment, et puis voir si nous avons les mains propres, si nous sommes bien débarbouillés. (*Ils se regardent, courent de tous côtés, font de grands gestes.*)

Pierrot. — Ah! que je suis content, Pierrette, j'ai envie de danser.

Pierrette. — Moi aussi. (*Ils se prennent les mains et dansent.*)

> Dansons la capucine,
> Y a pas de pain chez nous,
> Y en a chez la voisine,
> Mais ce n'est pas pour nous
> Quiou !

Une voix du dehors. — Hé! qu'est-ce que j'entends ? Vous allez me casser quelque chose, petits polissons ; si j'y vais, gare à vous !...

Pierrette. — Maman !...

Pierrot. — Oui, ouvrons la porte.

(*Pierrette ouvre la porte ; maman arrive.*)

Maman. — Tiens, tiens, qu'est-ce que cela signifie ?

Pierrette, *l'embrassant.* — Bonne fête ! petite mère. Je t'offre, avec ce bouquet, un châle que j'ai tricoté. (*Elle présente une boîte ficelée.*)

Pierrot, *s'inclinant.* — Ma bonne maman, nous venons te souhaiter ta fête. Nous ne savons pas faire de compliment, mais nous t'aimons bien, et nous ferons tout notre possible pour te rendre heureuse. (*Il l'embrasse.*)

Maman, *ouvrant la boîte et regardant le châle.* — Ah ! mes chers petits, quelle agréable surprise ! Que tu es adroite, Pierrette ! Que tu es gentil, mon Pierrot ! Embrassez-moi encore. (*Elle les tient tous deux contre elle.*)

Oui, mes chéris, aimez-moi bien toujours, et je serai la plus heureuse des mamans.

RIDEAU

Le Chat de tante Claudine

PERSONNAGES

TANTE CLAUDINE. — PIERROT. — PIERRETTE. — UN RAMONEUR

ACCESSOIRES

Quatre poupées. — Une table. — Deux chaises. — Un panier contenant un chat ou simplement un gros pompon en laine. — Une pelote de beurre ou de fruits : cerises, fraises, etc.

Tante Claudine, *entrant.* — Personne ?... Où sont–ils les petits ?... Moi qui suis si heureuse de venir les embrasser ! Toc, toc !... Hé, Pierrette !... Hé, Pierrot !... Êtes-vous là ?...

J'entends Pierrot... Le voilà qui arrive en courant.

Pierrot. — Bonjour, tante Claudine ! (*Ils s'embrassent.*)

Tante Claudine. — Bonjour, mon Pierrot. Tu n'amènes donc pas ta petite sœur Pierrette ?

Pierrot. — Elle va venir tout de suite. Elle se débarbouille.

Tante Claudine. — Ah! très bien; Pierrette fait sa toilette toute seule c'est une grande fille.

Dis-moi, Pierrot, avez-vous été raisonnables, cette semaine?

Pierrot. — Oui, ma tante. Qu'est-ce que tu nous apportes?

Tante Claudine. — Patience, patience, petit curieux! tu regardes déjà mon panier. Si je n'apportais rien, qui est-ce qui serait bien attrapé?

Pierrot. — Oh! tu ne viens jamais nous voir sans apporter quelque chose, tante Claudine!

Tante Claudine. — C'est vrai, mais je veux qu'on le mérite; et, si vous aviez été désagréables, si vous aviez fait des misères à votre maman, vous n'auriez rien du tout. Écoute, Pierrot, j'ai une commission à faire en ville, une commission très pressée; je reviendrai bientôt, fais attention à mon panier, je le laisse sur la table. Surtout que personne n'y touche, tu m'entends bien! Quand je serai rentrée, je vous montrerai ce qu'il y a dedans. Allons, au revoir. (*Elle sort.*)

Pierrette, *entrant.* — Elle est arrivée, tante Claudine?

Pierrot. — Oui. Elle est allée faire une commission; elle va rentrer tout à l'heure.

Pierrette. — Qu'est-ce qu'il y a dans son panier?

Pierrot. — Je n'en sais rien, elle m'a défendu de l'ouvrir.

Pierrette. — Des fruits... un pot de confitures? ou bien une poupée, elle m'en a promis une. Regardons un peu... Oh! rien qu'un œil!...

Pierrot. — J'ai promis de ne pas toucher le panier, je te dis.

Pierrette. — Nous ne toucherons pas ce qu'il y a dedans; nous le refermerons bien vite.

Pierrot. — C'est vrai. Attends que j'enlève la ficelle. Mâtin! il est bien attaché... On dirait qu'il remue... (*Un chat leur saute à la figure.*)

Miaou! miaou! miaou!... (*Ils courent à travers la chambre en criant.*)

Oh! là, là! Quest-ce que nous avons fait!...

Pierrette. — Tante Claudine avait un chat dans son panier!... Le voilà parti!... Il a sauté par la fenêtre. Qu'est-ce qu'elle va dire?

Pierrot, *courant.* — Minet, minet, viens ici... (*Il frappe sur une assiette.*) Viens déjeuner, minet!... mimi!... petit mimi!... (*Il sort à la poursuite du chat.*)

Pierrette, *pleurant.* — Hi, hi, hi! qu'est-ce que nous allons faire?... Hi, hi, hi!... Aussi, c'est très mal d'avoir ouvert ce panier, puisqu'on nous l'avait défendu. Madame nous dit bien à l'école que les enfants désobéissants sont toujours punis. O ma bonne tante, comme je suis désolée!...

La voilà qui revient!... si je me cachais?...

(*Elle court de tous côtés.*) Et Pierrot qui n'est pas là?...

Tante Claudine, *entrant.* — Eh bien, Pierrette, te voilà, ma mignonne! Viens m'embrasser, tu es fraîche comme une petite rose... Ton frère est donc parti?... Mais, tu trembles, tu as l'air toute triste. Qu'as-tu donc?...

Ah!... mon panier est ouvert!... Mistigris s'est sauvé!...

Polissons d'enfants!... vous avez dénoué la ficelle... j'aurais dû m'y attendre... C'est bon, nous allons voir.

(*Elle secoue Pierrette.*) Est-ce toi qui a ouvert le panier? ou bien est-ce ton frère?...

Pierrette. — C'est moi, ma tante... Hi, hi, hi!... Pierrot ne voulait pas... Hi, hi, hi!...

Tante Claudine. — Du moins, tu n'es pas menteuse et tu ne cherches pas à faire punir les autres... C'est égal, je suis bien contrariée. Pierrot est le plus grand, il devait savoir défendre mon panier.

Le voici. Arrive, mauvais sujet!

Pierrot. — Ma tante... je chercherai le chat... Je vous promets de le retrouver. Ne fouettez pas ma petite sœur... C'est moi... hi, hi, hi!...

Tante Claudine. — Allons bon! Il dit que c'est lui, à présent.

Oui, je sais que vous vous aimez bien tous les deux et que vous ne voulez pas vous dénoncer; mais c'est égal, vous êtes curieux et désobéissants, je remporte les gâteaux que j'avais achetés pour la dînette.

(*On entend chanter dans la rue.*) Ah! ramouna la chemina du haut en bas!

(*On sonne à la porte. Tante Claudine se penche à la fenêtre.*)

Tante Claudine. — Qu'est-ce que vous voulez, ramoneur? La cheminée n'est pas sale.

Le ramoneur. — Bonjour, ma bonne dame ! Est-ce à vous ce petit chat que j'ai trouvé dans la rue ? Un chien voulait le dévorer...

Tante Claudine. — Ah ! mon Dieu, voilà Mistigris !... Mais oui, mon garçon, monte vite. Comme je te remercie !...

(*Le ramoneur entre tenant le chat.*) Bon petit ramoneur ! (*Elle l'embrasse.*)

On m'a donné ce joli chat ce matin et j'y tiens beaucoup, car il y a des rats dans mon grenier. Ces deux polissons l'avaient fait sauver ; j'étais en train de les gronder quand nous t'avons entendu.

Tu vas t'asseoir, petit ; j'ai du beurre frais et des cerises, nous allons faire la dînette... mes premières cerises que j'apportais pour ces garnements... Il ne les ont pas méritées... Eh bien ! mangeons-les sans eux.

Le ramoneur. — O Madame, je vous en prie, ne mangeons pas tout !... Ils ne recommenceront plus ces pauvres enfants !... Puisque votre chat est retrouvé !

Tante Claudine. — Allons, je veux bien encore pardonner cette fois-ci. Venez m'embrasser. Quelque chose m'a fait plaisir, malgré tout : c'est que vous n'êtes pas méchants et que vous m'avez dit la vérité. (*Elle les embrasse.*)

Nous ferons tous quatre la dînette et nous inviterons Mistigris qui doit avoir faim.

RIDEAU

L'omelette

PERSONNAGES

**TANTE CLAUDINE. — PIERRETTE. — MARCELINE. — JEANNETTE
UN CHIEN. — PIERROT**

ACCESSOIRES

5 poupées. — Un chien en bois ou en carton. — Un panier.

Pierrette est assise dans un coin de la scène

Tante Claudine *entrant, un panier à la main.* — Dis-moi, ma petite Pierrette, tu as de bonnes jambes ; va donc m'acheter une demi-douzaine d'œufs.

Pierrette, *se levant.* — Oui, ma tante, je serai vite revenue.

Tante Claudine. — Ah! ne cours pas, tu ferais l'omelette sur la route, et, moi, je veux la faire ici, dans ma poêle.

Sais-tu combien ça fait une demi-douzaine d'œufs ?

Pierrette. — Six, ma tante.

Tante Claudine. — Très bien. Voilà huit sous pour les payer; tu vois, c'est cher, ne les casse pas, ces œufs.

Prends ce petit sou pour ta commission.

Pierrette. — Merci, ma tante; vous êtes bien bonne. (*Elle sort.*)

. . . .

(*Marceline et Jeannette arrivant chacune d'un côté.*)

Marceline. — Bonjour, Jeannette.

Jeannette. — Bonjour, Marceline.

(*Elles s'embrassent.*)

Marceline. — Tu es bien joyeuse, aujourd'hui, tu as l'air contente.

Jeannette. — Oui, papa m'a donné deux sous, parce que j'ai aidé maman à plier le linge de la lessive.

Marceline. — Et qu'est-ce que tu vas en faire de tes deux sous?

Jeannette. — Veux-tu que nous achetions une corde à sauter.

Marceline, *qui bat des mains.* — Oui, oui, moi qui aime tant sauter à la corde! Tiens, regarde. (*Elle saute.*) Je compte jusqu'à vingt sans me tromper.

Jeannette. — Moi aussi, tu verras. Nous irons chercher Pierrette, et nous demanderons à Pierrot s'il veut jouer avec nous.

Marceline. — Allons-y tout de suite, nous choisirons la corde ensemble, ce sera bien plus agréable.

Jeannette. — Allons; j'en ai vu de jolies en passant devant le bazar.

(*Elles sortent.*)

. . . .

Pierrette, *seule, portant son panier.* — Je voudrais bien me dépêcher, mais il ne faut pas que je marche vite; des œufs, c'est sitôt cassé. La marchande m'a dit qu'ils étaient frais, tant mieux, tante Claudine sera contente.

Un chien *arrive en aboyant.* — Oua! oua! oua!

Pierrette. — On dirait qu'il a envie de me mordre.

Le chien, *la poursuivant.* — Oua! oua! oua!

Pierrette, *courant.* — Ah! mon Dieu! il est peut-être enragé... Au secours! au secours!...

Pierrot, *arrivant.* — Qu'est-ce que tu as, Pierrette, à crier si fort? C'est à cause du chien?... Attends, je vais le chasser.

(*Il le poursuit avec de grands gestes.*)

Pierrette, *pleurant.* — Ah! mon pauvre Pierrot, vois donc ma robe, mon panier !...

Pierrot. — Tiens, on dirait que tu as fait une omelette.

Pierrette. — J'ai cassé les œufs que tante Claudine m'a envoyé chercher.

Pierrot. — Allons bon !...

Pierrette, *regardant le panier.* — Comment faire ?... Il y en a trois de cassés ; juste la moitié, j'en avais six.

Pierrot. — Si on pouvait en racheter trois? As-tu des sous?

Pierrette. — J'en ai un que ma tante m'a donné.

Pierrot. — Moi, j'en ai un aussi, ça fait deux. Combien coûtent-ils tes œufs?

Pierrette. — Huit sous.

Pierrot. — Mâtin! c'est quatre sous qu'il nous faudrait pour en acheter trois... Allons, ne pleure pas tant, tu ne seras peut-être pas punie.

Pierrette. — Hi, hi, hi! Je n'ai pas peur d'être punie, c'est parce que tante Claudine est très bonne et que ça me fait de la peine de la faire fâcher.

(*Marceline et Jeannette accourant.*)

Jeannette. — Que faites-vous par ici? Nous vous cherchons depuis longtemps. Tu pleures, Pierrette?

Pierrot. — Oui, elle vient de faire une belle omelette.

Marceline. — Oh! des œufs pour ta maman ?...

Pierrette. — Non, pour ma tante.

Pierrot. — C'est bon, viens à la maison, et maman te donnera des sous pour retourner chez la marchande.

Jeannette. — Des sous? Moi, j'en ai deux; cela fait-il assez?

Pierrot. — Oui, mais nous ne voulons pas te prendre tes deux sous.

Jeannette. — Je n'en ai pas besoin, c'était pour acheter une corde, et voilà que je n'ai plus envie du tout de sauter à la corde.

Pierrot. — Eh bien, alors, il faut les prendre, Pierrette ; tu les lui rendras, voilà tout.

Pierrette. — Ma bonne Jeannette, je te remercie bien ; si tu savais comme j'étais désolée !...

Marceline. — Moi, je n'ai pas de sous, mais je voudrais tout de même vous aider un peu ; j'irai laver le panier et les œufs à la pompe pendant que Pierrette retournera chez la marchande.

Pierrot. — C'est ça, Marceline, viens laver le panier avec moi.

(*Ils sortent en courant.*)

Jeannette. — Tante Claudine ne s'apercevra de rien.

Pierrette. — Grâce à toi, le malheur sera bientôt réparé. Tu es bien gentille.

Jeannette. — Ça me fait plaisir de te rendre service. Une autre fois, ce sera ton tour.

Pierrette. — Oui, oui, sois tranquille, ma bonne Jeannette.

(*Elle l'embrasse et elles sortent.*)

RIDEAU

Le bain de Marcel

PERSONNAGES

**MAMAN DE MARCEL. — MARCEL. — PIERRETTE. — TANTE CLAUDINE
PIERROT. — PETIT-JEAN. — MARCELINE ET JEANNETTE**

ACCESSOIRES

Huit poupées. — Une baignoire. — Une table avec cinq couverts. — Au fond de la scène une cuisinière
garnie de casserolles.

Maman. — Marcel, j'ai honte de toi; tout le monde dit que tu es malpropre, qu'on te voit toujours avec la figure et les mains noires, tandis que tes camarades sont gentils avec leurs joues roses.

Voici la baignoire, tu vas prendre un bain.

Marcel, *se débattant.* — Oh! non, maman!... J'ai trop peur!... Hi, hi, hi!... Je ne veux pas!...

Maman. — Comment, tu ne veux pas? C'est ce que nous verrons. (*Elle l'empoigne.*) Je m'en vais te déshabiller, tais-toi!

Marcel (*il crie et trépigne*). — Non, non, non!... Je ne veux pas, je ne veux pas!...

Maman (*elle le fouette*). — Tiens!... tiens! Tu mériterais que je te plonge la tête dans la baignoire pour crier aussi fort.

(*Elle le met dans un coin.*) Reste là!... quand tu seras décidé, je reviendrai. Gare, si je t'entends!... et puis, tu sais, je ferme la porte à clé.

Maman, *seule.* — Oh! je le corrigerai!... Il le faut bien. Je ne veux pas qu'il garde la mauvaise habitude de sa malpropreté.

Pierrette, *entrant.* — Bonjour, Madame; je viens chercher Marcel. Tante Claudine nous invite à dîner ce soir chez elle. Nous serons six : Marceline, Jeannette, Petit-Jean, Marcel, Pierrot et moi; nous allons bien nous amuser.

Maman. — Ma petite fille, je regrette beaucoup, mais Marcel n'ira pas; il est puni; viens le voir, si tu veux.

(*Elles entrent dans la chambre de Marcel.*)

Pierrette. — Pourquoi est-il puni, Madame?

Maman. — Mais, figure-toi qu'il a peur de l'eau! Monsieur ne veut pas prendre son bain, il crie à faire tomber la maison.

Pierrette. — Il ne veut pas prendre son bain?... Moi qui suis si contente de me baigner!... Marcel, dépêche-toi, et tu viendras avec nous; si tu savais le bon dîner que tante Claudine nous prépare! Mon cousin Paul jouera de l'accordéon et nous danserons toute la soirée.

Maman. — Allons, tu entends, dépêche-toi...

Marcel. — Non, non... J'ai peur!... Non, non!...

Maman. — Bien, laissons-le, il n'ira pas.

Marcel, *criant.* — Maman, maman!... je me baignerai une autre fois!...

Maman. — Non, tout de suite!... Viens, Pierrette, laissons-le tout seul.

(*Elles sortent.*)

Marcel, *seul* (*il court à travers la chambre et crie*). — Hi, hi, hi... Je voudrais bien me sauver!... Si je passais par la fenêtre?...

Tiens, la porte n'est pas fermée à clef; maman a oublié... Quel bonheur!
(*Il se sauve.*) Je sais bien où elle demeure, sa tante Claudine... Je vais
arriver le premier, ce sera bien fait!...

(*Il entre chez tante Claudine.*) Bonjour, Madame!

Tante Claudine. — Bonjour, mon ami! tu es en avance.

Marcel. — Oui, j'ai couru pour arriver avant les autres.

Tante Claudine. — Oh! les autres ne sont pas bien loin; je les aperçois
au bout de la rue.

Marcel. — Comme ça sent bon chez vous!

Tante Claudine. — Ah! ah! mon petit homme! tu vas te régaler; j'ai
fait rôtir un bon poulet. Aimes-tu la crème au chocolat?

Marcel. — Oh! oui, Madame!

Tante Claudine. — J'en ai fait une qui sera excellente.

Pierrot, *entrant.* — Bonjour, ma tante. (*Il l'embrasse.*) Tu es là, Marcel?
Je croyais que tu ne devais pas venir?

Marcel. — Cela me faisait trop de peine, je me suis sauvé.

Pierrette, *entrant.* — Oh! il s'est sauvé! que dira sa maman!

Tante Claudine, *le regardant mieux : comme tu es noir!* — Mon petit
garçon, quand on va dîner chez quelqu'un, on tâche d'être propre; tu ne t'es
pas même lavé les mains, quelle horreur!... Passe vite à la pompe!

Pierrot. — En entrant, moi je ne le reconnaissais pas; je le prenais pour
un ramoneur.

Marceline. — Ah! les cornes! les cornes!

Jeannette. — Je ne veux pas me mettre à côté de lui!...

Petit-Jean. — Moi non plus.

Tante Claudine. — Tu entends? Allons, cours vite te laver, tu reviendras,
nous n'aurons pas tout mangé.

Marcel, *se sauvant.* — Oh! non, je ne reviendrai pas! j'ai eu trop honte...
Sont-ils méchants!... Comme je suis malheureux! Et le poulet qui sentait
si bon!... La crème au chocolat... Oui, la bonne crème, ils vont toute la
manger!...

Et maintenant, si maman me punit encore?...

Maman, *très en colère.* — Ah! te voilà?... Moi, qui te cherche depuis une heure !

Marcel. — Ne te fâche pas, maman, je viens prendre mon bain... Je ne crierai plus. Je le prendrai toujours quand tu me le commanderas.

Maman. — A la bonne heure ! Tu n'as donc plus peur de l'eau ?

Marcel. — Non, maman, tu verras, je vais entrer tout seul dans la baignoire.

Maman. — J'en suis très contente. Tu as compris, sans doute, que la malpropreté est un très vilain défaut qui répugne tout le monde.

Vois-tu, j'étais bien désolée quand j'entendais les voisins se dire : Ce garçon-là ne sera jamais propre! Allons, déshabille-toi; je vais remettre de l'eau chaude dans la baignoire.

RIDEAU

Les Confitures

PERSONNAGES

**MAMAN DE PIERRETTE ET PIERROT. — PIERRETTE. — PIERROT.
UNE PETITE MENDIANTE**

ACCESSOIRES

Quatre poupées. — Une table. — Une chaise. — Un pot de confitures. — Une petite cuiller.
Deux morceaux de pain.

Maman, *posant les confitures et le pain sur la table.* — Pierrette !

Pierrette, *accourant.* — Me voilà, maman.

Maman. — Je n'ai pas le temps de faire vos tartines ; vous les ferez vous-mêmes, ton frère et toi. Par exemple, tâchez d'être raisonnables ; très peu de confitures, très peu, tu m'entends ?... (*Elle sort.*)

Pierrot, *entrant.* — Un pot de confitures ! (*Il gambade.*) Nous allons nous régaler.

Pierrette. — Maman a bien recommandé de ne pas en manger beaucoup. (*Elle fait sa tartine et va s'asseoir dans un coin.*)

Pierrot *met sur la sienne une épaisse couche et lèche la cuiller.* — Ah ! qu'elles sont bonnes !

Pierrette. — Tu en prends trop.

Pierrot. — Mais non !... As-tu peur qu'il n'en reste plus pour toi ?

Pierrette, *qui a léché sa tartine.* — Écoute donc, je peux bien en reprendre un peu, tu en manges assez.

(*Elle plonge la cuiller dans le pot à plusieurs reprises et mange.*)

Pierrot. — Il n'y en a presque plus !

Pierrette. — C'est vrai !... Le pot est vide ; que dira maman ! . . . .

. . . .

Maman, *entrant.* — Oh ! Qu'est-ce que je vois !... ils ont tout mangé. Vous n'avez pas honte ?... Et leur pain qui reste là sur la table ! Vous n'aurez plus de confitures pendant huit jours, allez-vous mettre en pénitence.

(*Elle les met en pénitence et s'en va.*) Nous dînerons sans vous, car j'imagine que vous n'avez plus faim, vilains petits gourmands !

Pierrot, *se tournant vers Pierrette.* — Hein ! qu'est-ce que tu dis de ça ?

Pierrette. — C'est bien fait pour toi, là !

(*Elle pleure.*) Hi, hi, hi !... hi, hi, hi !...

Pierrot. — Je crois que tu en as mangé ta part aussi.

Pierrette. — Hi, hi, hi !...

(*On entend chanter dans la rue.*)

> C'est la petite mendiante
> Qui vous demande un peu de pain ;
> Du pain ! je ne suis pas gourmande,
> Ah ! donnez-moi, car j'ai bien faim !

. . . .

(*Pierrot et Pierrette se penchent au dehors.*)

Pierrot — Entends-tu ?

Pierrette. — Oui, regarde donc cette pauvre petite, pieds nus, en guenilles, et qui chante.

Pierrot. — Elle dit qu'elle n'est pas gourmande... et nous qui le sommes tant !...

Pierrette. — On dirait qu'elle vient pour nous faire honte.

Pierrot. — Faisons-la entrer... Elle doit avoir bien faim.

Pierrette, *l'appelant.* — Venez ici !... Nous vous donnerons à manger.

La mendiante, *entrant.* — Mon bon petit monsieur, ma bonne petite demoiselle, je vous remercie de tout mon cœur. Faites-moi la charité, je n'ai rien mangé aujourd'hui.

Pierrot. — Ah ! mon Dieu... pourquoi avons-nous vidé ce pot de confitures !... nous lui en aurions donné, je suis sûr qu'elle n'en mange jamais.

La mendiante. — Des confitures ! mon bon Monsieur... Je n'en demande pas, donnez-moi seulement du pain.

Pierrette. — Du pain sec, ce n'est guère bon !..

La mendiante. — Oh! si, Mademoiselle; je me trouverais bien heureuse d'en avoir tous les jours.

Pierrot. — Ton papa et ta maman sont donc bien malheureux?

La mendiante. — Je n'ai ni papa, ni maman; je suis orpheline.

Pierrette. — Ni papa, ni maman! est-elle malheureuse!... et nous, Pierrot, qui avons un bon papa et une bonne maman pour nous soigner, nous leur désobéissons tous les jours...

Pierrot. — C'est vrai, Pierrette. Je regrette d'avoir mangé des confitures.

Pierrette. — Moi aussi, va.

Maman, *entrant.* — Je vous entends causer, qu'est-ce que vous racontez?... Tiens, que demande cette enfant?

Pierrette. — Maman, elle a bien faim; nous l'avons fait entrer; veux-tu, s'il te plaît, lui donner à manger.

Maman. — Je ne demande pas mieux.

Pierrot. — Nous te demandons pardon d'avoir été gourmands. Tu donneras notre dessert à cette petite fille.

Maman. — Bien, puisque vous avez si bon cœur, je vous pardonne.

Venez, cette pauvre enfant dînera avec vous. (*Elle emmène la mendiante, Pierrot les suit.*)

Pierrette, *seule.* — Comme elle est bonne, maman! Ah! que nous avons du bonheur de l'avoir... Si nous étions orphelins, pourtant, si nous n'avions pas même du pain!... Oh! je tremble rien que d'y songer... Bonne maman chérie, je veux t'aimer beaucoup et ne plus te faire de peine.

RIDEAU

Mademoiselle Sans-Soin

PERSONNAGES

JEANNETTE ET SA MAMAN. — MAMAN DE MARCELINE. — MARCELINE

ACCESSOIRES

Quatre poupées. — Une voiture attelée. — Une maison en carton ou simplement une ouverture pratiquée dans une boîte pour simuler une fenêtre. — Un chapeau fripé. — Un bonnet de nuit.

(Jeannette et sa maman, installées dans la voiture, arrivent devant la maison de Marceline et s'arrêtent.)

Jeannette. — Marceline! Marceline!...

Maman de Marceline, *paraissant à la fenêtre.* — Bonjour Madame, bonjour Jeannette. Vous appelez Marceline, je crois?

Maman de Jeannette. — Oui, Madame; nous allons jusqu'au village voisin, c'est une jolie promenade pour les enfants, voulez-vous nous permettre d'emmener votre petite fille, j'ai encore une place dans ma voiture?

Maman de Marceline. — Je veux bien, Marceline sera si contente!... Je vais lui dire de mettre son chapeau, elle sera bientôt prête.

(Elle se retire.)

Marceline *apparaît à la fenêtre.* — Ma pauvre Jeannette, que je suis donc ennuyée. Impossible de trouver mon chapeau!

Maman de Jeannette. — Cherche-le bien vite, nous n'avons pas de temps à perdre, car il est déjà tard.

(Marceline se retire.)

Maman de Jeannette. — Voilà une petite fille qui n'a pas d'ordre, elle aura posé son chapeau n'importe où.

Maman de Marceline, *à la fenêtre.* — N'attendez pas plus longtemps, Madame, cette enfant a besoin d'une bonne leçon, elle égare toutes ses affaires.

Maman de Jeannette. — Je regrette bien. Allons, ce sera pour une autre fois. Au revoir, Madame. Nous repasserons ici dans une heure, si Marceline a retrouvé son chapeau, elle pourra venir, en voiture, jusque chez moi.

(*La voiture part.*)

· · · · · · · · · · · · , ·

Marceline, *pleurant.* — Je l'avais mis là... hier soir... en... rentrant... de l'école.

Maman. — Tu l'avais mis là... eh bien, prends-le! Est-ce que c'était sa place? Un jour j'ai trouvé ton ombrelle sous ton lit, mademoiselle Sans-Soin... Tu sais pourtant où il faut ranger tes vêtements, tes livres et tes jouets, mais tu préfères les jeter dans tous les coins de la maison.

(*Marceline cherche partout. — Elle sort et rentre avec son chapeau fripé, écrasé.*)

Le voilà, maman, le voilà!

Maman, *le prenant.* — Il est joli, tu peux le mettre sur ta tête; où était-il donc?

Marceline. — Sur une chaise.

Maman, *avec un air désolé.* — Oh! sur une chaise!... petite désordonnée, tu ne vois donc pas que tu t'es assise dessus?...

Ton amie Jeannette a beaucoup plus d'ordre que toi, sa maman m'a dit qu'elle rangeait fort bien ses affaires. C'est si gentil une petite fille soigneuse!

(*Maman posant le chapeau sur la tête de Marceline.*)

Oh! cette horreur de chapeau, tout écrasé, tout sali!... pas moyen de sortir avec... et tu sais, je ne peux pas t'en acheter un autre en ce moment.

(*Elle se penche à la fenêtre.*)

Voici Jeannette et sa maman qui reviennent.

Marceline. — Je voudrais tant me promener en voiture!

Maman. — Je ne t'en empêche pas, mets ton bonnet de nuit et va les rejoindre.

(*Elle sort et rapporte le bonnet de nuit qu'elle met sur la tête de Marceline.*)

Marceline, *pleurant.* — Non, non, maman! Non, non, je ne veux pas sortir avec ce bonnet.

(*La voiture s'arrête.*)

Maman de Jeannette. — Eh bien! Marceline, es-tu prête?

Maman de Marceline, *entraînant celle-ci jusqu'à la fenêtre.* — Oui, Madame, voyez donc elle est déjà coiffée.

Maman de Jeannette. — Oh! un bonnet de nuit pour aller en ville?

Maman de Marceline. — C'est tout ce qu'elle mérite. Hier soir elle a posé son chapeau sur une chaise et s'est assise dessus.

Maman de Jeannette. — Fi! la petite sans soin!

Jeannette, *riant.* — Pauvre Marceline, je ne la reconnaissais pas.

Maman de Jeannette. — J'espère qu'une autre fois elle mettra mieux ses affaires à leur place. Pour aujourd'hui, je vois bien que c'est une promenade manquée, je ne voudrais pas lui faire traverser la ville avec son bonnet de nuit. Au revoir, Madame.

RIDEAU

Poivre et Tabac

PERSONNAGES

LE PAPA DE PIERRETTE. — PIERRETTE. — LA MAMAN DE PIERRETTE
L'ÉPICIÈRE. — LE BURALISTE. — PIERROT

ACCESSOIRES

Six poupées. — Simuler dans le fond de la scène deux comptoirs derrière lesquels seront installés l'épicier et le buraliste.

Le papa. — Hé ! Pierrette, viens ici, tu vas me faire une commission.

Pierrette, *accourant.* — Oui, papa.

Le papa. — Voici ma tabatière et deux sous. Tu iras chez le buraliste, tu demanderas deux sous de tabac que tu feras mettre dans la tabatière ; as-tu compris ?

Pierrette. — Oui, papa, j'ai bien compris.

Le papa. — Dépêche-toi et ne le renverse pas, surtout.

La maman, *entrant.* — Tu passeras aussi chez l'épicière m'acheter deux sous de poivre. Allons, fais vite, ne t'amuse pas dans la rue.

Pierrette *s'en va en sautillant.* — Deux sous de tabac, deux sous de poivre ! Ce n'est pas difficile de se rappeler. Maman dit toujours que je fais mal les commissions, nous allons bien voir. Deux sous de tabac ! Deux sous de poivre !...

J'ai bien le temps de m'amuser un peu ; allons regarder les boutiques, oh ! pas longtemps !... (*Elle se promène de long en large.*)

Ah ! mon Dieu, je ne songeais plus à ma commission ! Mais, voyons, pourquoi ces quatre sous ?... Papa m'a dit deux sous de tabac...

Et maman, qu'est-ce qu'elle m'a dit ?...

Je sais, je sais, elle m'a dit d'aller chez l'épicière. (*Elle entre chez l'épicière.*) Bonjour, Madame ; deux sous de tabac, s'il vous plaît.

L'épicière. — Je ne vends point de tabac, ma petite fille ; va-t-en chez le buraliste.

Pierrette. — C'est vrai, je me trompe; donnez-moi deux sous de poivre et mettez-le là dedans.

L'épicière. — Comment, tu veux mettre du poivre dans une tabatière ?

Pierrette. — Oui, Madame, papa l'a dit.

L'épicière. — Eh bien, voilà.

Pierrette, *court au bureau de tabac.* — Papa m'a bien dit d'apporter aussi du tabac, ça j'en suis sûre.

Bonjour, Monsieur ; deux sous de tabac, je vous prie.

(*Pierrette rentre à la maison. Elle pose le cornet de tabac à la cuisine et porte la tabatière à son papa.*)

Le papa. — Enfin, te voilà ! Ce n'est pas trop tôt. Pierrette, tu t'arrêtes aux devantures, tu flânes dans la rue comme les petits polissons; tu sais bien que je n'aime pas ça.

Allons, donne que je prenne une prise de tabac frais. Oh ! oh!...atchoum! atchoum ! atchoum ! Qu'est-ce qu'on a mis dans ma tabatière?

Oh ! là, là, mon nez !...

J'ai du feu dans le nez !... (*Il gesticule en se frottant le nez.*)

Atchoum! atchoum !

Du poivre dans ma tabatière ! Ah! petite polissonne, tu me le paieras ! ..

Pierrette. — Mais, papa, tu m'avais dit...

Le papa. — Comment, je t'avais dit de faire mettre du poivre à la place de mon tabac?...

La maman, *entrant, très en colère.* — Où est-elle, cette Pierrette ? Elle sera fouettée en conséquence. Je viens de mettre du tabac dans ma soupe; une bonne soupe aux choux qu'il me faudra jeter.

Le papa. — Et moi qui viens de priser du poivre ! Atchoum! Atchoum! atchoum!... Cette enfant ne sait pas faire les commissions, elle ne fait attention à rien.

Pierrette. — Je ne me suis plus rappelée...

La maman, *qui la fouette.* — Tiens, tiens, cela va te faire rappeler une autre fois.

Pierrette, *pleurant.* — Maman, maman, je ne recommencerai pas!

Pierrot *accourt.* — O maman, tu fouettes ma sœur?

La maman. — Oui, c'est une étourdie; elle vient encore de faire les commissions de travers, elle mérite d'être corrigée.

Pierrot. — Ne la fouette plus, va; si tu veux, j'irai t'en chercher du poivre.

Le papa. — Mon garçon, c'est fort gentil de demander grâce pour sa sœur; mais, vois-tu, Pierrette avait besoin d'une leçon; c'est une petite tête en l'air qui n'écoute pas assez ce qu'on lui dit. Aujourd'hui, le malheur n'est pas bien grand : la soupe est perdue et, moi, j'ai le nez rouge, mais un autre jour elle pourrait se tromper encore et faire de plus grandes sottises.

Va t'amuser Pierrot. (*Pierrot sort.*)

La maman. — Je ne veux pas la punir davantage, car je sais qu'elle fera son possible pour se corriger.

Pierrette. — Oh! oui, maman.

La maman. — Et tu feras bien, car les enfants étourdis sont fort désagréables et peuvent causer de vrais malheurs.

RIDEAU

La boîte aux lettres

PERSONNAGES

MAMAN DE MARCELINE ET MARCEL. — MARCEL. — PETIT-JEAN
MARCELINE. — UNE DAME

ACCESSOIRES

Cinq poupées. — Une lettre. — Une grande boîte debout, percée d'une ouverture
pour figurer la boîte aux lettres.

Maman. — Marcel, es-tu là?

Marcel. — Oui, maman.

Maman. — Va me jeter cette lettre à la boîte. Tiens, voilà deux sous, achète le timbre et colle-le bien, n'est-ce pas?

Marcel. — Oui, maman.

Maman. — Dépêche-toi, tu vas m'aider à éplucher une salade pour le dîner.

. . . .

Marcel, *seul.* — Je vais passer par le square, je crois bien que Pierrot s'y trouve.

(*Il regarde de tous côtés.*) Ah! voilà Petit-Jean.

Petit-Jean. — Tu viens t'amuser, Marcel?

Marcel. — Non, je vais à la poste.

Petit-Jean. — Arrête-toi un peu, ma sœur va venir avec sa poupée.

Marcel. — Maman m'a dit de me dépêcher.

Petit-Jean. — Eh bien! pour t'en aller tu pourras courir. (*Ils se promènent.*)

Jouons à cache-cache, veux-tu?

Marcel. — Je veux bien, mais pas longtemps. (*Ils jouent et courent de tous côtés.*)

Jeannette n'arrive pas, je vais m'en aller.

J'oubliais ma lettre, je cours au bureau de tabac!... Ah! mon Dieu, mes deux sous!... Je les ai perdus en jouant!... Comment faire?... Maman va me punir, elle ne m'avait pas donné la permission de jouer.

Tant pis, je n'achète pas de timbre. Je vais mettre quand même la lettre à la poste, maman ne le saura pas. (*Il jette sa lettre dans la boîte.*)

Une dame. — Petit garçon, vous oubliez le timbre, je crois?...

Marcel. — Madame, j'ai perdu les deux sous.

La dame. — Comment, et vous n'affranchissez pas votre lettre?

Marcel. — Madame, est-ce que cela fait quelque chose?... Le facteur n'en voudra donc pas de ma lettre?

La dame. — Oh! si, ça lui est bien égal au facteur, mais la personne qui recevra la lettre sera obligée de payer quatre sous.

Marcel. — Vraiment! Que je suis désolé!... C'est une lettre pour grand-père... et il n'est pas bien riche, mon pauvre vieux grand-père.

La dame. — Allez vite le dire à votre mère, car vous avez eu tort, mon enfant, elle vous aurait donné deux autres sous.

Marcel. — Elle m'aurait peut-être grondé.

La dame. — Non, une maman ne se fâche pas bien fort quand son petit garçon lui dit la vérité et lui avoue ses fautes. C'est si mal de mentir à sa maman!

. . . .

Marcel, *seul.* — Que je suis désolé!... Voilà Marceline, tant mieux; elle va peut-être me tirer d'affaire.

Marceline. — Maman n'est pas contente, elle m'envoie te chercher, car il y a longtemps que tu es parti, et elle avait besoin de toi.

Marcel. — C'est vrai, ma pauvre Marceline, mais il m'arrive un malheur.

Marceline. — Allons bon! Chaque fois que tu fais des commissions, il t'arrive des malheurs.

Tu n'as pas mis ta lettre à la poste?

Marcel. — Si, mais sans timbre.

Marceline. — Ah! bien, maman ne sera pas contente et grand-père non plus.

Marcel, *pleurant.* — J'avais... perdu... les... deux sous... Je... n'osais... pas le dire...

Marceline. — Si j'avais su ! Tiens, moi, j'en ai deux dans ma poche.

Marcel. — Si j'allais les mettre dans la boîte ?

Marceline. — Mais non, on ne met pas les sous dans la boîte.

Marcel. — Alors, dis-moi ce qu'il faut faire?

Marceline. — Il faut le dire à maman, tout de suite : si la lettre n'est pas encore partie, on la lui rendra, je crois, et je lui offrirai mes deux sous en la priant de ne pas te punir.

Marcel. — Pauvre grand-père, moi qui l'aime tant !

Marceline. — C'est une bonne raison pour avouer ta faute, car il serait obligé de payer en recevant la lettre. (*Marcel s'avance vers la porte.*)

Marcel. — Je n'ose pas entrer.

Marceline, *le poussant.* — Allons, un peu de courage ! puisque je te dis qu'on va courir à la poste pour réclamer cette lettre et que je paierai le timbre.

Marcel. — Oui, tu es bonne et je t'aime bien ; mais, que dira maman !... que dira maman !... O ma petite Marceline, tu lui demanderas de me pardonner, dis ?...

Marceline. — C'est qu'elle est obligée de te pardonner bien souvent !

Allons, ne pleure pas, va, je vais tout lui raconter, en lui disant que tu as beaucoup de chagrin. Suis-moi, j'entre la première.

RIDEAU

La Bourse

PERSONNAGES

PIERRETTE. — JEANNETTE. — PETIT-JEAN. — UN OUVRIER

ACCESSOIRES

Quatre poupées. — Un petit tas de sable. — Un moule à fromages. — Une bourse.

Pierrette, *seule, se promenant sur la scène.* — Là! j'ai fini mon ouvrage et maman me permet de sortir ; je vais aller voir si Jeannette et Petit-Jean sont au square. J'ai envie de jouer à la marchande de fromages, c'est très amusant : on fait des fromages avec du sable, et puis les autres viennent les acheter en payant avec des cailloux. *(Elle sort.)*

(Jeannette et Petit-Jean sont assis sur un banc.)

Pierrette *arrive en courant; elle bat des mains.* — Quelle chance ! Je vous cherchais... Nous allons jouer à la marchande de fromages.

Petit-Jean, *se levant.* — C'est ça ! moi, je les achète.

Jeannette. — Moi aussi, je vais être la dame qui vient faire son marché.

(*Elle se promène, salue et gesticule.*) *Voix flûtée :*
Bonjour, Madame. Avez-vous de bons fromages, aujourd'hui ? C'est qu'il m'en faut de très bons, j'ai du monde à déjeuner, oui, Madame, et du monde que je veux régaler. Voyons un peu ces fromages...

(*Elle se baisse et se relève vivement.*) Hum ! pas fameux celui-là...

Petit-Jean. — Ah ! ah ! ah ! ce sera très drôle.

Pierrette sera la marchande. Allons, Pierrette, fais tes fromages.

Pierrette. — Si nous avions seulement deux sous pour acheter un moule neuf ! en voilà un qui est bien abîmé.

Jeannette. — Tant pis, à l'ouvrage ! Petit-Jean et moi nous irons chercher des cailloux chacun de notre côté.

(*Ils s'en vont.*)

. . . .

Petit-Jean, *seul.* — Il faut que j'en ramasse une pleine poche, bien sûr j'en aurai davantage que Jeannette.

(*Il se baisse, se relève à plusieurs reprises.*)

Un ouvrier, *s'approchant.* — Dites-moi, mon petit ami, vous n'auriez pas trouvé un porte-monnaie, en vous amusant par ici ?

Petit-Jean. — Non, Monsieur, je viens d'arriver ; mais, si vous voulez, je vous aiderai à chercher.

L'ouvrier. — Je veux bien et je vous remercie, mon enfant.

Je traversais le square pour aller à mon ouvrage et sans doute qu'en tirant mon mouchoir de poche j'aurai fait tomber ma bourse. Comme il n'y a encore personne, nous pourrons peut-être la retrouver.

Petit-Jean. — J'ai de bons yeux, je vais regarder partout.

L'ouvrier. — Il n'y a pas grand'chose dans ma vieille bourse, car je ne suis guère riche ; trente sous seulement ; mais avec ces trente sous on peut tout de même acheter du pain et, si je ne la retrouve pas, mes deux pauvres petits se coucheront ce soir sans souper.

Petit-Jean. — Oh! comme ce serait triste!... Moi, j'ai dix sous dans ma tirelire; je vais vous les donner.

L'ouvrier. — Non, non, mon enfant, merci; vous avez bon cœur, mais je ne demande pas l'aumône. Cherchons encore, cherchons bien.

(*Ils cherchent et disparaissent.*)

. . . .

Pierrette, *seule (elle se baisse et se relève).* — Tiens, qu'est-ce que c'est que ça?... Une bourse !... toute pleine de gros sous...

Voyons, je sais compter : deux, quatre, six, huit, dix, douze, quatorze, seize, dix-huit, vingt. Et une pièce blanche... une pièce de dix sous.

Vingt sous et une pièce de dix sous, cela fait... (*Elle réfléchit un moment.*) Trente sous !... Oh! trente sous !... comme on pourrait acheter de jolis moules à fromages!...

Oui, mais cette bourse n'est pas à moi, quelqu'un l'a perdue et, si je prenais les sous, je serais une voleuse. Je vais la porter bien vite à maman pour qu'elle cherche la personne qui l'a perdue.

Petit-Jean, *accourant.* — Pierrette, Pierrette, viens nous aider.

Pierrette. — Je n'ai pas le temps, je rentre à la maison; vois donc, j'ai trouvé une bourse.

Petit-Jean. — Ah!... donne, donne vite.

Pierrette. — Elle n'est pas à toi.

Petit-Jean, *l'empoignant par le bras et la secouant.* — Donne, je te dis...

Pierrette. — Non, non, laisse-moi.

Petit-Jean. — Allons, Pierrette, ne te fâche pas; je sais qui a perdu cette bourse, il faut la rendre tout de suite.

Pierrette. — Mais, moi, je veux bien la rendre; où est la personne qui l'a perdue?

Petit-Jean. — Tiens, là-bas, cet homme qui cherche dans le sable; il n'a que cet argent pour acheter ce soir le dîner de ses enfants.

Jeannette, *arrivant.* — Oui, Pierrette, c'est vrai, je suis passée à côté de lui, si tu voyais comme il est triste, je voulais lui aider à chercher, mais j'ai cru que vous vous disputiez, je suis revenue bien vite.

Pierrette. — Ah! le pauvre homme, dépêchons-nous de le consoler. Je cours lui rendre son porte-monnaie...

Monsieur! ne cherchez plus... j'ai trouvé... voilà! voilà!

L'ouvrier. — Oh! merci, ma chère petite, merci bien. Vous me rendez grand service. Vous êtes, tous trois, de braves enfants, vous ferez le bonheur de vos mamans.

Il faut que je me dépêche à présent d'aller travailler. Au revoir, mes petits, je vous remercie encore. (*Il s'en va.*)

Pierrette. — Comme il est content!...

Jeannette. — Ça fait plaisir de trouver quelque chose pour le rendre, dis, Pierrette.

Pierrette. — Oui, je suis presque aussi contente que lui.

Petit-Jean. — Moi aussi.

Jouons maintenant à la marchande de fromages.

Pierrette. — Je n'ai point fait de fromages.

Jeannette. — Et moi, je n'ai pas ramassé de cailloux.

Petit-Jean. — Alors ce sera pour une autre fois, car il est déjà tard.

Pierrette. — Oui, rentrons chez nous. Je vais raconter à maman l'histoire de la bourse, et je suis sûre qu'elle m'embrassera.

Petit-Jean, *frappant dans ses mains.* — C'est ça, allons raconter à nos mamans. (*Ils s'en vont en courant.*)

RIDEAU

Pierrot J'ai-le-Temps

PERSONNAGES

TANTE CLAUDINE. — PIERRETTE. — PIERROT

ACCESSOIRES

Trois poupées. — Une chaise et une table. — Un panier. — Une maison en carton ou une gravure.

Tante Claudine. — Ma petite Pierrette, j'ai des commissions à faire en ville, vous serez bien aimables, ton frère et toi, de venir m'aider à porter mon panier.

Pierrette. — Oui, ma tante, nous irons.

Tante Claudine. — Venez à quatre heures, pas plus tard, car je suis obligée de partir à quatre heures juste.

Pierrette. — Bien, ma tante, nous arriverons sûrement avant quatre heures.

Tante Claudine. — Je vous attendrai ; au revoir, mignonne.

(*Elle l'embrasse et sort.*)

Pierrette, *seule.* — Il faut que j'aille prévenir Pierrot. Où est-il donc?... Ah! je sais, maman lui a permis d'aller regarder l'album dans sa chambre.

(*Elle va le rejoindre. — Pierrot est assis devant une table et regarde des images.*)

Apprête-toi, Pierrot, tante Claudine a besoin de nous pour faire ses commissions.

Pierrot. — Tout de suite?

Pierrette. — Mais oui, parce qu'il faut que nous arrivions chez elle avant quatre heures.

Pierrot. — Eh bien, pars la première, moi j'ai le temps.

Pierrette. — J'ai le temps, j'ai le temps!... Tu dis toujours ça, et puis tu arrives en retard.

Pierrot. — Ne t'inquiète donc pas, j'ai de bonnes jambes (*il se lève et fait* *de grands pas à travers la chambre*), j'ai des bottes de sept lieues, ma petite Pierrette, j'arriverai encore avant toi.

Pierrette. — Nous verrons bien. *(Elle sort.)*

(Pierrette se dépêche et arrive seule chez tante Claudine.)

Bonsoir, ma tante.

Tante Claudine. — Bonsoir, ma chérie; tu n'amènes pas ton frère?

Pierrette. — Il doit venir cependant, mais il ne se pressait pas assez, alors je suis partie sans lui.

Tante Claudine. — Tu as bien fait. Nous n'avons pas de temps à perdre, tant pis pour ceux qui ne peuvent pas arriver à l'heure. Prends le panier, Pierrette, nous partons.

(Pierrette prend le panier à provisions et elles sortent.)

. . . .

Pierrot *arrive en courant.* — Toc, toc, toc! Personne! Est-ce qu'elles sont déjà parties? Toc, toc, toc!...

(Il regarde autour de la maison.)

Pourtant je me suis dépêché... Vrai, c'est ennuyeux! Tante Claudine sera fâchée. Si je savais par où elles sont passées... Je les attendrais bien, mais si elles me trouvent là, elles vont se mettre à rire en disant que je suis venu monter la garde à la porte. J'aurais mieux fait de suivre ma sœur, je suis parti trop tard.

(Il s'en retourne.)

. . . .

(Tante Claudine et Pierrette reviennent avec leur panier plein de provisions.)

Tante Claudine. — Je suis sûre qu'il est venu.

Pierrette. — Oh! oui, ma tante, et quand je lui dirai tout ce que nous avons fait!

. . . .

Tante Claudine. — Eh bien, ce sera une leçon pour lui; une autre fois il se pressera davantage. Je te remercie, ma petite Pierrette, tu peux rentrer chez toi.

(Pierrette embrasse sa tante et s'en va.)

(*Pierrot attend sa sœur sur la route.*)

Pierrette, *l'apercevant.* — Ah! Monsieur J'ai-le-Temps, où sont donc vos bottes de sept lieues?...

Pierrot. — Méchante!... j'ai assez couru pour te rattraper.

Pierrette. — Tu vois bien que ça ne suffit pas toujours de courir. Quel dommage que tu ne sois point venu avec nous, tu te serais joliment amusé!... Tante Claudine m'a fait monter sur les chevaux de bois et ils allaient vite, vite comme le vent...

Pierrot. — Oh! Moi qui aime tant ça!

Pierrette. — Puis nous sommes entrées chez un pâtissier, nous avons mangé de bons gâteaux.

Pierrot. — Ah!... je regrette bien.

Pierrette. — Qu'est-ce que tu dirais si je t'avais gardé ta part?

Pierrot. — O ma petite Pierrette!

(*Pierrette sort un gâteau de sa poche.*)

Pierrette. — Tiens, va, ça me faisait de la peine d'en manger sans toi.

Pierrot, *l'embrassant.* — Que tu es gentille!

Pierrette. — Tante Claudine ne voulait pas que j'en mette un dans ma poche.

Pierrot. — Elle est donc bien mécontente?

Pierrette. — Non, mais elle tient à te punir un peu quand même. Si tu ne veux pas qu'elle t'appelle Pierrot J'ai-le-Temps, presse-toi quand elle t'attendra pour faire ses commissions.

Pierrot, *mangeant son gâteau.* — Oui, oui, sois tranquille. Ah! le bon gâteau! le bon gâteau! Il faut que je t'embrasse encore, ma Pierrette. (*Il l'embrasse.*)

RIDEAU

Marceline la douillette

PERSONNAGES

PIERRETTE. — MARCELINE. — PIERROT. — MAMAN DE MARCELINE

ACCESSOIRES

Cinq poupées dont une représentant Pierrot déguisé. — Un lit. — Un petit bonnet de nuit
imitant le bonnet de papa

Pierrette, *entrant*. — Viens-tu à l'école, Marceline ?... Comment, tu n'es pas encore levée ? Nous allons être en retard, dépêche-toi !...

Marceline, *dans son lit*. — Je n'y vais pas aujourd'hui, je suis malade.

Pierrette. — Ah ! tu es malade, ma pauvre Marceline ?

Marceline, *d'une voix dolente*. — Oui, j'ai bien mal à la tête ! Vois quelle grosse bosse j'ai sur mon front !

· ·

Pierrette *sort et va rejoindre Pierrot.* — Marceline est malade, tu sais qu'elle est tombée hier en jouant et qu'elle a tant pleuré ; elle n'ira pas à l'école aujourd'hui.

Pierrot. — Tiens, je m'en doutais.

Pierrette. — Tu t'en doutais?...

Pierrot. — Oui, elle est si douillette et si paresseuse !

Pierrette. — C'est vrai qu'elle est bien douillette, elle pleure pour le moindre bobo.

Pierrot. — Sais-tu, Pierrette, j'ai envie de lui jouer un tour ?... Oui, un bon tour ; nous allons rire. En rentrant de l'école, nous irons la voir, et nous lui demanderons si elle veut se promener avec nous. Je parie qu'elle ne sera plus malade !...

. . . .

Pierrette, *entrant avec Pierrot.* — Bonsoir, Marceline! A la bonne heure, te voilà levée ! Tu vas mieux?

Marceline. — Oui, un peu, mais j'ai toujours mal à la tête ; maman m'a mis un bandeau, tu vois.

Pierrot. — Quel ennui! ma pauvre Marceline, nous venions te chercher pour aller voir les jolis petits lapins de grand'mère.

Marceline. — J'irai tout de même, je ne suis plus aussi malade que ce matin.

La maman de Marceline, *entrant.* — Non pas, tu pourrais prendre froid. Je te défends de sortir.

Marceline, *qui arrache son bandeau.* — Je ne suis plus malade.

La maman. — Mademoiselle, je vais vous remettre au lit.

Marceline *pleure.* — Hi, hi, hi, hi! moi, je veux me promener, je m'ennuie!

Pierrot. — Allons, Marceline, ne pleure pas ; nous irons un autre jour. Il faut soigner ton mal, pour guérir bien vite. Madame, envoyez donc chercher le médecin. (*Pierrot et la maman sortent.*)

. . . .

La maman. — Cette petite devient paresseuse, et pour une chiquenaude, elle a l'air malade à mourir. J'en suis désolée, car elle n'apprend rien à l'école. Ce matin, je la croyais très souffrante, et à midi elle n'y pensait déjà plus.

Pierrot. — Si je lui jouais un petit tour?...

La maman. — Tu ferais bien, mon garçon. Et je souhaite que tu la corriges.

Pierrot. — Bon! Je vais mettre un vieil habit, un grand chapeau et des lunettes; puis, vous direz que je suis le médecin.

(*Il sort.*)

. . . .

Pierrot, *déguisé.* — Toc, toc!

La maman. — C'est le médecin. Entrez!

Pierrot, *avec une grosse voix.* — Bonjour, madame; bonjour, mesdemoiselles. Laquelle de ces jeunes filles est malade?

La maman. — Celle-ci, monsieur. Elle se plaint d'un grand mal de tête.

Pierrot. — Voyons votre pouls, mon enfant... Montrez la langue. Heu! heu! cette enfant est malade, bien malade.

La maman. — Oh! tant que cela, monsieur le docteur?

Pierrot. — Hélas! oui, madame. (*Il touche la tête, l'incline à droite et à gauche.*)

Cette pauvre tête!... Comme elle remue!... Elle n'est pas solide... On dirait qu'elle va tomber.

Ah! mon Dieu, je ne vois qu'une chose à faire, mais c'est bien désagréable...

La maman. — Vous me faites peur.

Marceline, *criant.* — Laissez-moi. Je ne suis plus malade.

Pierrot. — Si, mon enfant, il faut qu'on vous soigne.

La maman. — Enfin, monsieur, dites-nous ce que vous allez faire.

Pierrot. — Madame, il faut que la tête de votre petite fille soit bien enveloppée pendant huit jours; apportez-moi le bonnet de nuit de son papa.

La maman, *apportant le bonnet.* — Voilà, monsieur.

Marceline. — Non, non, je ne veux pas. Je n'ai plus mal.

Pierrot. — Voyons, voyons, petite fille, soyez raisonnable! (*Il lui met le bonnet.*) Et surtout qu'on ne l'enlève pas avant que je revienne.

Marceline. — Lâchez-moi, lâchez-moi! Je n'ai pas mal à la tête. Je ne serai plus douillette et je vais aller tous les jours à l'école...

Maman, je t'en prie renvoie ce Monsieur; il me fait peur!...

Pierrot *sort.* — Je m'en vais, je m'en vais; seulement, tâchez de n'avoir plus besoin de moi.

Marceline, *embrassant sa maman.* — Je ne recommencerai pas maman, je te le promets. Est-ce qu'il est parti, le vilain docteur? Enlève-moi ce bonnet, j'ai trop honte.

Pierrette, *riant.* — Ah! ah! ah! que tu es drôle! Va te regarder un peu dans la glace.

La maman. — Allons, je vais l'enlever, console-toi. Une autre fois, tu tâcheras de ne plus être aussi douillette, si tu ne veux pas que tout le monde se moque de toi.

RIDEAU

Le voyage de Petit-Jean

PERSONNAGES

PETIT-JEAN. — PIERROT. — LA MAMAN DE PETIT-JEAN. — UN BOHÉMIEN
UN SERGENT DE VILLE OU UN GENDARME

ACCESSOIRES

Cinq poupées dont le costume rappellera autant que possible celui des personnages mis en scène. — Un petit fouet.

Petit-Jean. — Dis donc, Pierrot, j'ai envie de faire un voyage.

Pierrot. — Avec qui ?

Petit-Jean. — Tout seul.

Pierrot. — Tout seul ?... Un mioche comme toi !...

Petit-Jean. — Un mioche ?... Je vais avoir sept ans bientôt !...

Pierrot. — Ça ne suffit pas pour voyager tout seul, mon vieux ; as-tu de l'argent.

Petit-Jean. — Oui, j'ai dix-neuf sous.

Pierrot. — Tu n'as pas seulement de quoi payer ta place en chemin de fer.

Petit-Jean. — Je voyagerai à pied.

Pierrot. — Je te souhaite du plaisir! J'ai lu une histoire comme ça : un gamin qui s'était sauvé de chez ses parents et que les gendarmes ont ramassé sur la route.

Petit-Jean. — Oh! moi, je n'ai pas peur des gendarmes! Et puis, tu sais, je ne resterai pas longtemps. Je veux aller à Paris, et, en revenant, je te raconterai tout ce que j'aurai vu.

Pierrot. — Et ton père, qu'est-ce qu'il en dit de ton voyage?

Petit-Jean. — Je n'en parle ni à papa ni à maman; ils ne voudraient pas, bien sûr.

Pierrot. — Alors, tu vois que ce n'est pas raisonnable; moi, je t'engage fort à rester tranquille.

Petit-Jean. — Je veux voir Paris, je te dis que je le verrai!

Pierrot. — En ce cas, bon voyage!...

.   .   .   .

La maman de Petit-Jean, *entrant vivement.* — Ah! mon Dieu!... Petit-Jean est parti!... Pierrot me dit qu'il est allé à Paris... Tout seul!... Est-ce que c'est possible, voyons? Un enfant de six ans!... On ne quitte pas son papa et sa maman pour courir ainsi les grands chemins. Il n'aurait jamais voulu nous causer ce chagrin-là!... Pourtant, si c'était vrai?... Oh! que je suis malheureuse!... Mon petit est perdu, il s'est peut-être noyé, ou bien une voiture l'aura écrasé! Mon Dieu, que je suis malheureuse!...

(*Elle pleure et fait de grands gestes.*)

Cherchons encore!... Courons de tous côtés!... (*Elle sort.*)

.   .   .   .

Petit-Jean, *couché par terre.* — Déjà la nuit!... Et j'ai marché, marché! C'est donc bien loin Paris? J'ai peur, je ne veux pas rester là. Qu'est-ce que j'entends?... On dirait un cheval qui galope... si c'étaient les gendarmes?... Pierrot avait raison, j'aurais mieux fait de rester chez nous.

Un bohémien, *s'approchant (grosse voix).* — Que fais-tu là, mon garçon?

Petit-Jean. — Je me repose, Monsieur.

Le bohémien. — Ah!... où sont donc tes parents?

Petit-Jean. — Mes parents sont à la maison, chez nous... Moi, je vais à Paris.

Le bohémien. — A Paris?... Comme ça, tout seul?

Petit-Jean. — Oui, Monsieur, est-ce que je serai bientôt arrivé.

Le bohémien. — Dame, c'est loin! Si tu veux me suivre, je t'y conduirai; j'ai une voiture et deux chevaux.

Petit-Jean. — Ah! je veux bien, que vous êtes bon! (*Il l'emmène.*)

. . . .

Le bohémien (*il tient Petit-Jean par le bras et crie*). — Femme! voilà un garçon qui fera notre affaire. Tu vas lui apprendre à marcher sur la corde et à danser. Il a bonne mine; je crois que nous en tirerons quelque profit.

Petit-Jean. — Mais, Monsieur, je ne veux pas danser... Je ne veux pas marcher sur la corde, moi!...

Le bohémien. — Tu ne veux pas?... Attends un peu; je vais d'abord t'apprendre à obéir...

(*Il lui donne plusieurs coups de fouet sur les jambes.*)

Petit-Jean, *criant et sautant.* — Oh! là, là!... Vous me faites mal! Oh! là, là!... Je le dirai à maman! Oh! là, là!...

Le bohémien. — Il ne fallait pas la quitter ta maman. A présent, tu appartiens au père Tapedur. Nous irons aux foires, et tu feras toutes sortes de choses pour amuser le public, entends-tu, galopin!... Gare au fouet, si je ne suis pas content de toi! Pour ce soir, tu te passeras de dîner, j'espère que demain matin je te trouverai plus raisonnable.

Allons, oust, va te coucher!... (*Il le pousse dans un coin.*) Fais-y attention, la mère! Que je ne l'entende pas crier, surtout!...

Une grosse voix, *au fond.* — Bien, bien, sois tranquille! La mère Tapedur sait faire marcher le martinet.

. . . .

Petit-Jean, *seul (il s'avance doucement).* — Ils dorment!... Pourvu que le chien ne se réveille pas! Marchons doucement, doucement... Voilà la porte...

Quelle chance, elle n'est pas fermée!... Hop! me voilà dans la rue; courons, courons! O ma bonne maman, mon cher papa, ma sœur Jeannette, que j'ai du malheur de vous avoir quittés!... Je veux m'en aller bien vite, bien vite!... Comme mes jambes me font mal!... Où donc que je suis?... Voici des becs de gaz... des maisons... du monde!... Oui, mais c'est la nuit, jamais je ne pourrai trouver mon chemin!... Que j'ai faim! que je suis las!...

Un sergent de ville. — D'où viens-tu, marmot?

Petit-Jean. — Je vais chez nous, Monsieur, à X..., rue Neuve, n° 24.

Le sergent de ville. — Fort bien, tu sais ton adresse, mais ça ne me dit pas pourquoi tu te promènes tout seul la nuit, dans ce quartier-là. Encore un petit maraudeur, hein?... Si je te conduisais en prison?...

Petit-Jean. — Oh! non, Monsieur, je vous en prie! Tenez, je vais tout vous dire : je me suis sauvé, je voulais voir Paris, et puis, un méchant homme m'a emmené dans sa voiture, m'a roué de coups. Si vous ne m'aidez pas à retrouver maman, je vais mourir...

Le sergent de Ville. — Ah! Ah! mon jeune garçon, te voilà guéri de l'envie de voyager, n'est-ce pas? et tu attendras, pour aller à Paris, d'avoir de la barbe au menton, j'espère. Allons, file!... (*Il le conduit chez ses parents.*) Toc! toc!

La maman de Petit-Jean. — Entrez!... Ah! mon Dieu, voilà mon petit! (*Elle pleure et l'embrasse.*) Moi qui le croyais perdu!... Si vous saviez, mon bon Monsieur, comme j'ai pleuré!... Et son pauvre papa qui cherche toujours!... Mais, enfin, méchant enfant, pourquoi es-tu parti?...

Le sergent de Ville. — Je crois, Madame, que vous pouvez lui pardonner son escapade; il a été puni en conséquence.

La maman. — Oh! oui, Monsieur, les mamans pardonnent toujours, mais leurs enfants leur font souvent bien du chagrin.

RIDEAU

Un sauvetage

PERSONNAGES

MARCEL. — PIERROT. — TROIS-PATTES. — MAMAN DE PIERROT

ACCESSOIRES

Une poupée. — Un chien boiteux. — Une ligne. — Poisson en papier argenté. — (Installer le pêcheur sur une boîte de façon à ce qu'il tombe de haut.)

Marcel *arrive en courant.* — Bonjour, Pierrot.

Pierrot, *de sa fenêtre.* — Bonjour, Marcel, tu t'es levé de bon matin. Où vas-tu avec cette ligne sur l'épaule ?

Marcel. — Je vais pêcher, je veux apporter du poisson à maman pour le dîner.

Pierrot. — Ta mère n'aime pas à te savoir au bord de la rivière ; tu n'es pas assez raisonnable.

Marcel. — Il y a beaucoup de pêcheurs, je ne serai pas tout seul; et puis, je ne m'approcherai pas jusqu'au bord.

Pierrot. — Si tu reviens mouillé, tu seras puni, bien sûr!

Marcel. — Non, non, sois tranquille. Au revoir!

(Il sort.) . . . .

Marcel *s'installe pour pêcher, il jette sa ligne.* — Voilà une bonne place, J'aperçois des goujons, attention!... Ça mord... *(Il tire sa ligne un poisson est pris.)* En voilà un ! *(Il saute et fait de grands gestes.)* Tralala, j'en ai pris un !... Quelle friture j'emporterai ! Comme maman va être contente!...

J'en vois un gros là-bas, si je pouvais le prendre *(Il jette sa ligne.)* C'est trop loin, ma ligne n'est pas assez longue... Comment faire?... En montant sur cette pierre, je peux m'avancer... Oui, mais je vais me mouiller les pieds... Ah! tant pis... *(Il s'avance et se met à pêcher.)* Bon, voilà Pierrot qui vient avec son chien, il va me déranger.

Pierrot *arrivant.* — Eh bien, Marcel ? Est-ce que ça mord ?

Marcel. — Oui, oui, j'en ai déjà pris un.

Pierrot. — Mais tu vas tomber sur cette pierre, et tu sais, à cet endroit-là c'est dangereux.

Marcel. — Tais-toi donc ; tu fais sauver le poisson.

Pierrot. — Je t'avertis ; s'il t'arrive malheur, ce sera ta faute.

Marcel, *se retournant brusquement.* — Va-t-en, tu causes trop.

(*Il glisse et tombe à l'eau.*)

Pierrot *levant les bras.* — Oh !... Je l'avais bien dit...

(*Il court en gesticulant.*) Au secours ! au secours ! il va se noyer. Mon Dieu, personne pour m'aider !... si j'entre dans l'eau, je suis bien sûr d'y rester aussi.

Marcel. — Au secours ! au secours !

Pierrot. — Où donc est Trois-Pattes... Pstt ! pstt? Trois-Pattes, arrive, arrive ; mon vieux, vite à l'eau !

(*Trois-Pattes arrive en courant se jette sur Marcel.*)

Pierrot. — Tiens bon, à nous deux !

(*Il le soulève par sa blouse et le met sur son épaule.*)

Enfin, le voilà !... Il ne bouge plus. On dirait qu'il est mort... Je vais l'emporter chez nous ; sa maman serait trop désolée si elle le voyait rentrer comme ça sur mon épaule. Hé ! Marcel ! (*Il le secoue.*)... Voyons, remets-toi, réponds-moi...

(*Il part en courant.*)

Ouf ! je n'en pouvais plus (*Il dépose Marcel sur un lit.*)

Maman *accourant.* — Misère ! Qu'est-ce qui arrive?

Pierrot. — Marcel est tombé dans la rivière, et je l'ai retiré comme j'ai pu. Trois-Pattes m'a joliment aidé, c'est lui qui s'est jeté à l'eau.

Maman *l'embrassant.* — Mon pauvre Pierrot, tu es un brave garçon, très courageux.

Vite, dépêchons-nous de le soigner.

Pierrot. — Il n'est pas mort, j'espère?...

Maman. — Non, heureusement, le voilà qui ouvre les yeux. Comment vas-tu, mon petit?

Marcel. — Je voudrais... maman... Je suis bien malade.

Maman. — Tu la verras bientôt ta maman quand tu pourras te lever. La pauvre femme aurait trop de chagrin si elle te voyait sur ce lit.

Pierrot ira lui dire que tu es venu déjeuner avec nous ; pendant ce temps tu vas te remettre un peu et ton linge séchera.

Marcel. — Je voudrais... maman... tout de suite.

Maman. — Tout à l'heure tu ne pensais qu'à moitié à ta mère ; en allant pêcher, tu pensais surtout à ton plaisir, car je sais qu'elle te défend d'aller à la rivière tout seul. Tu aurais pu te noyer et elle ne t'aurait jamais revu, ta maman. Ne penses-tu pas qu'un enfant obéissant lui serait plus agréable que toutes les fritures du monde. Elles ne sont pas heureuses les mamans qui ont des enfants désobéissants.

Marcel. — Je regrette beaucoup, Madame.

Maman. — C'est bien ; mais il faut mieux réfléchir une autre fois ; ça ne sert à rien de regretter quand on recommence à mal faire.

Pierrot. — Hein, mon vieux, tu as bu un bon coup !... Il doit avoir eu peur, ton gros poisson. Tu peux remercier Trois-Pattes ; sans lui tu serais toujours dans la rivière.

Maman. — Trois-Pattes est un bon chien ; ne lui faites jamais de misères ; il mérite qu'on l'aime, c'est un ami.

Pierrot. — O maman, tu sais bien que je ne fais jamais de mal aux bêtes.

Maman. — C'est vrai, mon Pierrot, tu es un bon garçon. Aujourd'hui tu t'es conduit comme un homme. Je suis fière de toi ; embrasse-moi encore.

RIDEAU

Le bracelet de Jeannette

PERSONNAGES

JEANNETTE. — PIERRETTE. — MARCELINE. — PIERROT. — TROIS-PATTES

ACCESSOIRES

Quatre poupées. — Un chien. — Une glace. — Un bracelet.

Jeannette, *seule.* — Comme je suis bien habillée!...

(*Elle se regarde dans la glace.*) Ma robe est-elle jolie!... Et mon chapeau!... Les autres seront jalouses, bien sûr. Maman m'a défendu de mettre mon bracelet; mais, c'est égal, je vais le mettre quand même; j'en aurai bien soin, je ne l'abîmerai pas. Allons vite chez Pierrette.

(*Elle arrive chez Pierrette.*)

Pierrette, *levant les bras.* — Comme tu es belle!...

Jeannette. — N'est-ce pas?

Pierrette. — Tu as mis ta robe neuve pour aller jouer?

Jeannette. — Mais oui, puisqu'il fait beau; d'ailleurs, nous allons nous promener.

Pierrette. — Moi, tu sais, je m'amuse moins bien quand j'ai mes beaux habits.

Jeannette. — Est-ce que Marceline vient avec nous?

Pierrette. — Oui, la voilà justement.

Marceline *entrant.* — Où vas-tu donc, Jeannette, à la noce?

Jeannette. — Et toi, avec ton tablier?

Marceline. — Mon tablier est propre; je peux bien sortir avec.

Jeannette. — Non, tu es trop mal habillée.

Marceline. — Trop mal habillée? Peut-être parce que je n'ai pas de bracelet?

Jeannette. — A propos, regardez-le donc le bracelet que marraine m'a donné. Il est en argent, n'est-ce pas qu'il est joli?

Pierrette. — Oh! ce n'est pas bien utile un bracelet; et puis, ça gêne d'avoir ça au bras; cela remue tout le temps.

Jeannette. — Parce que tu n'en as pas.

Marceline. — Tu n'es pas gentille, aujourd'hui, Jeannette.

Jeannette. — C'est vous qui êtes jalouses.

Pierrette. — Jalouses! Oh! non, bien sûr. Partons, tiens; ne nous disputons pas.

Jeannette. — Je veux que Marceline pose son tablier.

Marceline. — Maman me gronderait.

Jeannette. — Eh bien, reste, tu ne viendras pas avec nous, mademoiselle Cendrillon!

Marceline, *pleurant.* — Oh!... mademoiselle Cendrillon! méchante!...

Pierrette. — Tu peux aller te promener toute seule, Jeannette; moi, je n'y vais pas, tu es trop fière.

Jeannette, *sortant.* — Au revoir, alors!...

Pierrot, *qui arrive.* — Tu pleures, Marceline?

Pierrette. — Jeannette lui a dit qu'elle était mal habillée; elle l'appelle mademoiselle Cendrillon.

Pierrot. — Jeannette me déplaît : c'est une orgueilleuse. Il fallait l'appeler Mlle Falbalas.

Pierrette, *riant.* — Oui, c'est vrai. Ah! ah! ah! Quelle toilette elle a!

Pierrot. — C'est joliment désagréable quelqu'un qui fait tant de manières!...

Qu'est-ce que j'entends?... Trois-Pattes qui se fâche... (*Le chien aboie.*)

Oua! Oua! Oua, oua, oua!... Pstt! pstt! Trois-Pattes, tais-toi, viens ici.

Jeannette, *le poursuivant avec un bâton.* — Attends, vilaine bête?...

Pierrot. — Qu'est-ce que tu lui veux?

Jeannette. — Il va salir ma robe avec son museau.

Pierrot. — Il veut te dire bonjour.

Jeannette. — Ses pattes sont mouillées, je le remercie bien.

Pierrot. — Prête-lui tes gants.

Jeannette. — Je vais lui donner du bâton, ça vaudra mieux.

Pierrot. — N'essaie pas, tu m'entends! J'aime mon chien. (*Il la repousse.*)

Va te promener, mademoiselle Falbalas, nous n'avons pas besoin de toi.

. . . .

Pierrot. — Mâtin, il ne fait pas bon l'approcher! si elle croit qu'on fait attention à ses volants et à ses rubans! Trois-Pattes s'en moque de sa belle robe... Bon, la voilà qui revient encore!

Jeannette, *entrant.* — Ah! mes amis, si vous saviez ce qui m'arrive! Ma pauvre Pierrette, que je suis désolée!...

Pierrot. — On est donc tes amis, à présent?

Jeannette. — Ne sois pas fâché, Pierrot. J'ai perdu mon bracelet au fond du jardin, impossible de le retrouver.

Jamais je n'oserai rentrer chez nous, maman va me punir.

Pierrot. — Elle fera bien, ta maman.

Jeannette. — O mon petit Pierrot, pardonne-moi de vous avoir fait de la peine. (*Elle pleure.*) Je suis... trop désolée!... trop... désolée!

Pierrette. — Allons, viens, nous chercherons avec toi.

Pierrot. — Restez là, je connais quelqu'un qui va retrouver le bracelet plus vite que vous.

Jeannette. — Vrai! Qui donc?

Pierrot. — Trois-Pattes, que tu avais si envie de bâtonner. Il n'est pas boudeur, lui. Pstt! pstt! viens vite, mon vieux!

(*Il l'emmène.*) Cherche! cherche!... Apporte!...

(*Il rentre.*) Voilà votre bracelet, mademoiselle, et je vous salue bien.

Jeannette. — Merci, mon brave Pierrot. (*Elle l'embrasse.*) Ah! merci! je suis si contente!...

Merci, Trois-Pattes; nous serons toujours amis maintenant (*Elle l'embrasse*).

Pierrette, Marceline, venez avec moi; je vais aller poser mon bracelet; je quitterai aussi ma robe pour mettre un tablier comme vous et nous irons ensuite nous promener.

Pierrot, *seul.* — Bon ! les voilà réconciliées. Tout de même, elle a eu peur, Jeannette ; une autre fois, elle ne sera pas si fière.

RIDEAU

Deux enfants polis

PERSONNAGES

MARCELINE. — MARCEL. — UNE VIEILLE DAME. — PIERRETTE. — PIERROT

ACCESSOIRES

Six poupées. — Un panier. — Un parapluie. — Une gravure représentant la façade d'une école
ou d'une maison quelconque.

(*Marceline et Marcel sont sur le chemin de l'école. — Marcel reste en arrière et s'arrête de temps en temps pour jouer aux billes.*)

Marceline. — Dépêche-toi un peu, Marcel, nous arriverons en retard et madame nous grondera.

Marcel. — Je marche plus vite que toi, je saurai bien te rattraper.

(*Une vieille dame est arrêtée au milieu de la route où Marceline passe.*)

La vieille dame, *s'approchant.* — Dites-moi, ma petite fille, est-ce bien le chemin qui conduit à X...? J'arrive de la gare et je ne suis encore jamais venue par ici.

(*Marceline baisse la tête et passe vite sans répondre.*)

La vieille dame. — Cette enfant n'est pas polie du tout; la voilà qui se sauve, est-ce que je lui fais peur?... Voyons si ce petit garçon est moins sauvage.

(*Elle va vers Marcel qui continue à jouer.*) — Hé! mon petit ami, écoutez un peu, j'ai quelque chose à vous demander.

(*Marcel ne se dérange pas.*)

La vieille dame. — Vraiment, les enfants sont bien mal élevés par ici... Comment vais-je faire? Je ne connais pas du tout le chemin, et je ne vois personne pour me renseigner. Ah! voici deux autres enfants qui viennent en se donnant la main; ils sont gentils; c'est le frère et la sœur, sans doute.

Pierrette et Pierrot *arrivent en face de la dame et saluent poliment.* — Bonjour, madame.

La vieille dame. — Bonjour, mes enfants. Pourriez-vous me rendre un petit service?

Pierrette. — Oh! oui, madame.

La vieille dame. — Je suis très embarrassée pour aller jusqu'à X..., car je ne connais pas le chemin; j'ai peur de m'être trompée.

Pierrot. — Non, madame, c'est bien la route qui mène à X..., nous y allons à l'école.

La vieille dame. — En ce cas, mes enfants, faisons le chemin ensemble.

Pierrette. — Oui, madame, alors donnez-moi, s'il vous plaît, votre parapluie, vous marcherez plus facilement.

La vieille dame. — Vous êtes bien aimable, ma petite fille. Prenez donc, puisque vous aimez à rendre service.

Pierrot. — Moi, madame, je porterai votre panier.

La vieille dame. — Merci, mon ami, mon panier est un peu lourd, je ne veux pas vous fatiguer.

Pierrot. — Oh! je suis fort, madame, j'ai six ans, et je porte bien le panier de maman quand elle revient du marché.

La vieille dame. — Allons, tenez (*elle lui donne son panier*). Vous êtes deux braves enfants, très complaisants. Maintenant je vais marcher à mon aise. Serons-nous bientôt arrivés?

Pierrot. — Oui, madame, on aperçoit déjà notre école, voyez là-bas...

La vieille dame. — Je ferai compliment à votre maîtresse d'avoir des élèves aussi gentils.

Pierrette. — Madame nous recommande bien de rendre service chaque fois que nous le pouvons.

La vieille dame. — Alors, je vois que vous profitez de ses leçons; continuez, mes petits enfants, et tout le monde vous aimera.

Pierrot. — Nous voici arrivés, madame, faut-il vous conduire plus loin?

La vieille dame. — Non, mon ami, je m'arrête ici, je suis la mère de votre maîtresse. Tenez, elle nous a vus, la voilà qui arrive.

(*Madame arrive en courant et embrasse sa mère.*)

Madame. — Quelle bonne surprise, ma chère maman! Je ne vous attendais pas. Vous avez donc bien trouvé le chemin?...

La vieille dame. — Grâce à ces deux enfants que j'ai rencontrés sur la route; ils ont même voulu porter mon panier et mon parapluie.

Madame. — Très bien, mon petit Pierrot (*elle l'embrasse*). Je vous félicite, ma gentille Pierrette (*elle l'embrasse*). Votre politesse me fait grand plaisir.

La vieille dame. — Merci encore, mes enfants, je demanderai à ma fille de vous amener un jour avec elle, quand elle viendra me voir. (*Elle entre dans la maison avec la maîtresse.*)

.　.

(*Marceline et Marcel, dans un coin, ont suivi la scène.*)

Marceline. — C'était la mère de madame!...

Marcel. — Ah! si j'avais su!...

Marceline. — Nous n'avons pas été polis.

Marcel. — C'est vrai. Pourvu qu'elle ne nous reconnaisse pas! j'aurais trop honte...

Marceline. — Moi je n'ai pas osé répondre parce que je ne connaissais pas cette dame.

Marcel. — Et moi, j'étais en train de jouer, je n'ai pas fait attention à ce qu'elle m'a demandé.

Marceline. — Nous avons eu tort tous deux, mon pauvre Marcel. Je regrette beaucoup. Madame était si contente de voir sa mère!...

Marceline. — Oui, elle a même embrassé Pierrette et Pierrot.

Marcel. — Une autre fois nous ferons comme eux, dis?

Marceline. — Oh! oui, parce qu'on nous dit toujours qu'il faut être poli avec tout le monde.

RIDEAU

Les taquineries de Marcel

PERSONNAGES

MARCEL. — TROIS-PATTES. — PIERROT. — MARCELINE. — MAMAN DE MARCEL
ET MARCELINE

ACCESSOIRES

Quatre poupées. — Un chien. — Une table et une chaise. — Un rideau ou un meuble quelconque
derrière lequel Marcel se cachera.

Marcel, *se promenant.* — Tiens, voilà Trois-Pattes!...
Qu'est-ce que tu fais par ici, vieux toutou?... Pstt! pstt!... (*Le chien ne
bouge pas.*)

(*Marcel s'approche et lui tire la queue.*)

Trois-Pattes. — Oua! oua! oua!

Marcel. — A la bonne heure! On dit bonjour à ses amis.

(*Il lui tire toujours la queue.*)

Trois-Pattes. — Oua! oua! oua!

Marcel. — Ah! tu veux me mordre? Tu es de mauvaise humeur, attends
un peu!

(*Le chien s'élance et mord la main de Marcel.*)

Oh! là, là!... Au secours!... Ce chien est enragé...

Pierrot, *accourant.* — Qu'est-ce que tu dis?... Mon chien est enragé?
Une bête si tranquille, si douce!

Marcel. — Tu crois! il vient de me mordre.

Pierrot. — Montre-moi cette morsure.

Marcel, *tendant sa main.* — Ici, vois ce coup de dent.

Pierrot. — Ce n'est pas grave.
Et toi, qu'est-ce que tu lui as donc fait?

Marcel. — Oh! presque rien.

Pierrot. — Presque rien, cela veut dire quelque chose tout de même.

Marcel. — Je l'ai taquiné un peu... je lui ai tiré la queue pour rire.

Pierrot. — Ah! bon; veux-tu que je te tire l'oreille pour rire, moi?

(*Pierrot lui prend l'oreille.*)

Marcel. — Ne te fâche pas, je viens te chercher pour jouer aux billes.

Pierrot. — Je ne jouerai pas avec toi aujourd'hui, tes taquineries me déplaisent.

Marcel. — Alors, je m'en vais..

Pierrot. — Oui, tu fais bien, va-t-en.

(*Pierrot lui tourne le dos.*)

. . . .

(*Marcel rentre chez lui et voit sa sœur occupée à regarder des images; elle est assise devant la table.*)

Marcel. — Si je lui faisais une niche?...

(*Il s'approche doucement derrière elle, lui tire les cheveux et se cache.*)

Marceline, *se retournant vivement.* — Qui m'a tiré les cheveux?... Personne... je me suis peut-être trompée.

(*Marcel recommence.*)

Marceline. — Enfin, c'est insupportable! Voilà qu'on recommence; qui donc est là?...

(*Elle se lève et regarde de tous côtés.*)

Je n'y comprends rien. Mes cheveux se prennent sans doute dans le bouton de mon tablier.

(*Elle s'installe à nouveau.*)

(*Marcel revient, tire très fort; Marceline tombe à la renverse.*)

Patatras!...

Marceline, *criant.* — Maman! Maman! Maman!

Maman *accourt et arrête Marcel qui se sauve.* — Qu'est-ce que tu as fait, polisson?

Marcel, *pleurant.* — Hi, hi, hi, je ne l'ai pas fait exprès!... Hi, hi, hi...

Marceline. — Il m'a tiré les cheveux et je suis tombée.

Marcel, *pleurant toujours.* — Hi, hi, hi... je... la... taquinais seulement.

Maman, *sévère.* — Eh bien, voilà des façons de s'amuser qui ne conviennent pas du tout, monsieur! Votre sœur aurait pu se casser une jambe ou un bras. Allez vous mettre en pénitence.

(Elle le conduit dans un coin.)

Viens, Marceline, nous irons faire les commissions ensemble, il restera ici, tout seul.

Marceline, *suppliante.* — Maman, je t'en prie, pardonne-lui! Je ne me suis pas fait bien mal. Il ne recommencera plus.

Maman. — C'est très bien, ce que tu me dis là, ma petite fille, je vois que tu as bon cœur, mais je désire corriger ton frère, car je sais qu'il est taquin.

Marcel. — Je ne suis pas méchant... maman!

Maman. — Si, monsieur, on est méchant quand on prend plaisir à tourmenter les autres. Tu ne serais pas content que tes camarades te fassent des niches, j'espère?... Eh bien, tu ne dois pas en faire aux autres non plus.

RIDEAU

Le petit frère

Jeannette. — Dépêchons-nous de rentrer à la maison; papa nous a dit hier soir que notre petit frère devait arriver aujourd'hui. Ah! quel bonheur! comme je voudrais déjà l'embrasser!

Petit–Jean, *sautant sur la route.* — Moi aussi, moi aussi; allons vite!

Jeannette. — Tu sais, j'aimerais mieux une petite sœur, c'est plus mignon.

Petit–Jean. — Par exemple! un garçon c'est bien plus gentil.

Jeannette. — Tu dis ça, toi, parce que tu es un garçon.

Petit–Jean. — Les filles pleurnichent pour rien, elles ont peur de tout. S'il passait une souris à côté de nous, tu ferais : (*Il gesticule et saute de côté.*) Hi! hi! oh! là, là.

Jeannette. — Tais-toi donc; les garçons se battent et déchirent leur culotte.

Petit–Jean. — Tant pis, ce sera un garçon.

Jeannette. — Non, ce sera une fille.

Petit–Jean, *en colère*, *frappe du pied.* — Moi, je veux un petit frère, na!

Jeannette, *l'imitant.* — Et moi, une petite sœur, na!

Petit–Jean. — C'est bon, va-t-en, je ne veux plus marcher à côté de toi.

Jeannette. — Eh bien, reste; je serai arrivée la première pour embrasser ma petite sœur.

(*Jeannette, courant*). — Tiens, tiens, voilà la neige qui tombe! (*simuler la neige avec des confettis blancs.*) Heureusement que j'ai ma capuche; et Petit-Jean qui a justement oublié son capuchon! Je ne peux pourtant pas le laisser sur la route par ce temps-là ; retournons vite le chercher.

(*Jeannette revient auprès de Petit-Jean et l'enveloppe dans son manteau.*) Tu boudes toujours?... Allons, serre-toi tout contre moi, et nous aurons chaud; tu vois la neige, il faut rentrer vivement à la maison.

Petit-Jean. — Ce sera un garçon, dis?

Jeannette. — Mais oui, gros bêta; si ce n'est pas une fille, ce sera bien sûr un garçon. Hop! hop! trottons. (*Ils se mettent à courir, passent et repassent plusieurs fois sur la scène.*)

Petit-Jean. — Nous voici arrivés, ce n'est pas trop tôt; j'ai le nez gelé.

Jeannette. — J'entre la première; chut! S'il dort, ne le réveillons pas.

Petit-Jean. — Rien ne bouge. Est-ce que papa et maman seraient sortis?...

Jeannette. — Non, il y a quelqu'un de l'autre côté; j'entends causer. Ecoute!... on vient.

Petit-Jean. — Ce n'est pas maman.

Jeannette. — C'est grand'mère.

Une voix du dehors. — Vous êtes là, petits?

Jeannette. — Oui, bonne maman, nous arrivons de l'école.

Même voix. — Bien, attendez-vous à une surprise.

Petit-Jean, *battant des mains.* — Ah!...

Grand'mère, *entrant avec un poupon dans ses bras.* — Bonsoir, mes chéris. Voulez-vous une belle poupée?...

Jeannette et Petit-Jean, *tendant les bras.* — Oui, oui, grand'mère.

Grand'mère. — Je vous apporte un petit homme joli comme un amour.

Petit-Jean, *dansant.* — Je savais bien que ce serait un garçon, tra, la, la, traderidera. (*Il embrasse le poupon.*)

Grand'mère. — Tu ne dis rien, Jeannette.

Petit-Jean. — Elle n'est pas contente.

Grand'mère. — Comment, tu n'es pas contente?

Jeannette. — Si, si, grand'mère, c'était pour taquiner Petit-Jean. Donne que j'embrasse le cher bébé. (*Elle l'embrasse.*)

Veux-tu que je le prenne dans mes bras.

Grand'mère. — Prends, mignonne, mais ne le serre pas trop.

Jeannette. — Ah ! qu'il est joli, qu'il est joli !

(*Elle le berce en chantant.*)

> Dodo, l'enfant do
> L'enfant dormira bientôt
> Dodo, l'enfant do.
>
> . . . .

Grand'mère. — Vous l'aimerez bien, n'est-ce pas?

Jeannette. — Oh ! oui, je serai sa petite maman.

Petit-Jean. — Nous le bercerons, nous lui chanterons les rondes qu'on nous apprend à l'école.

Jeannette. — Je lui ferai manger sa bouillie.

Grand'mère. — Très bien, mes enfants. Votre pauvre mère aura beaucoup de peine avec vous trois; mais elle sera heureuse si vous vous aimez.

A propos, ne serez-vous point jaloux quand elle fera risette au mignon ?

Jeannette. — Jamais, grand'mère! Il est le plus petit, on doit le gâter un peu.

Grand'mère. — C'est vrai; quand vous étiez comme lui, on vous en a fait autant. Plus tard, il vous rendra vos caresses et vous serez tout fiers de le voir grandir.

Petit-Jean. — Je l'emmènerai à l'école et je le défendrai si on lui fait mal.

Jeannette. — Moi, je lui apprendrai à lire.

Grand'mère. — Allons, vous êtes de bons enfants; embrassez-moi. (*Elle les embrasse.*)

Mais voilà notre poupon qui serre ses petits poings, il dort ; courez préparer son berceau. (*Jeannette et Petit-Jean sortent.*)

Grand'mère, *seule*. — Dors, mon petit homme ; tu as un frère et une sœur qui veilleront sur toi. (*Elle le berce.*)

> Dodo, l'enfant do
> L'enfant dormira bientôt
> Dodo, l'enfant do.
> . . . .

RIDEAU

TABLE DES MATIÈRES

Tours. — Imp. DESLIS FRÈRES, 6, rue Gambetta.

www.ingramcontent.com/pod-product-compliance
Lightning Source LLC
LaVergne TN
LVHW050611090426
835512LV00008B/1435